紅沙龍

Try not to become a man of success but rather to become a man of value.
~Albert Einstein (1879 - 1955)

毋須做成功之士，寧做有價值的人。 —— 科學家　亞伯·愛因斯坦

世界冠軍，然後呢？
吳寶春的創業報告

吳寶春—口述
尤子彥—撰寫

從零開始的十年進程

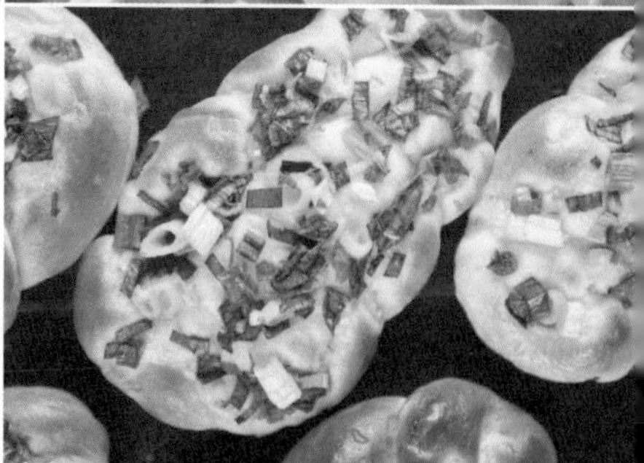

1. 高雄旗艦店開幕 2. 不老吐司 3. 勿忘我吐司 4. 夢幻蔥麵包

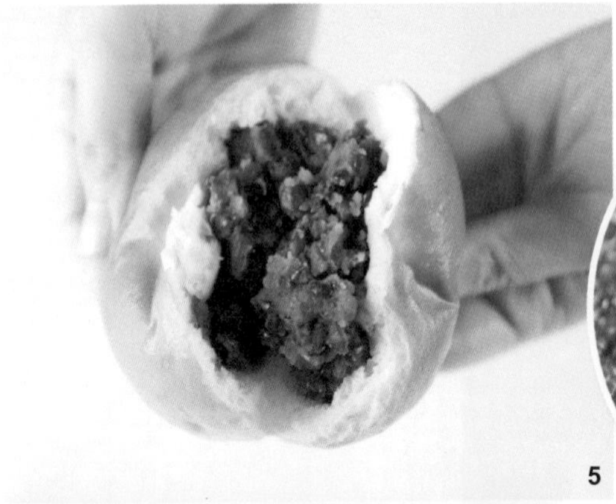

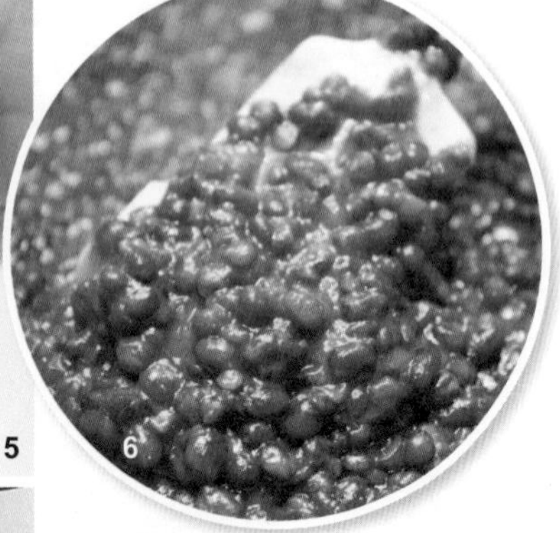

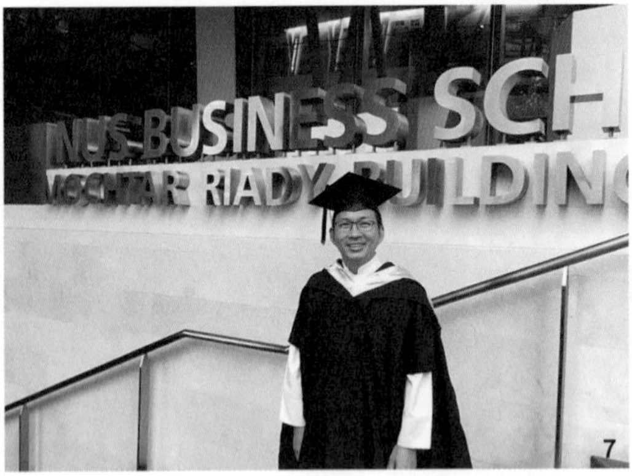

5. 夢幻紅豆麵包 6. 紅豆餡
7. 從 EMBA 畢業
8. 荔枝卡 9. 年度荔枝卡

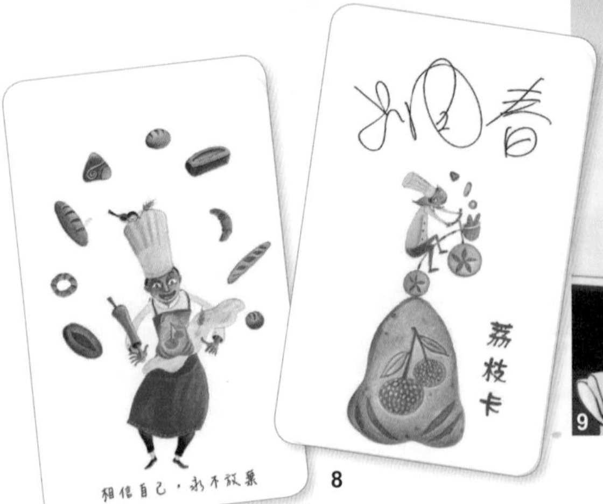

8

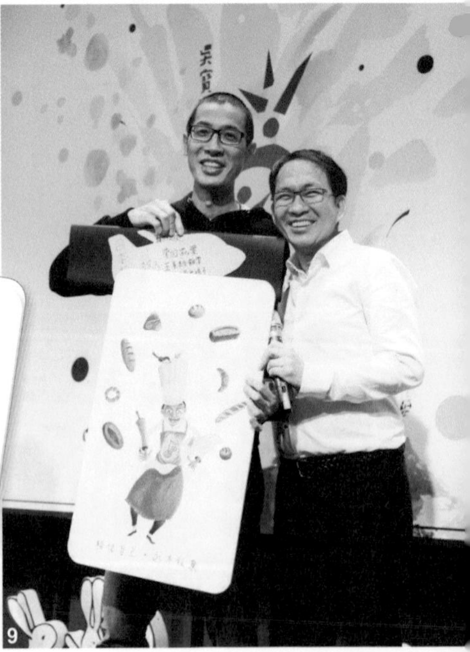

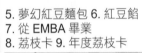

10. 寶春師傅與廚師服（攝影：高啟舜）
11. APUJAN 為台中店打造的全新制服（攝影：高啟舜）

12. 騷騷包
13. 尖叫麵包系列
14. 信義 A13 尖叫麵包店

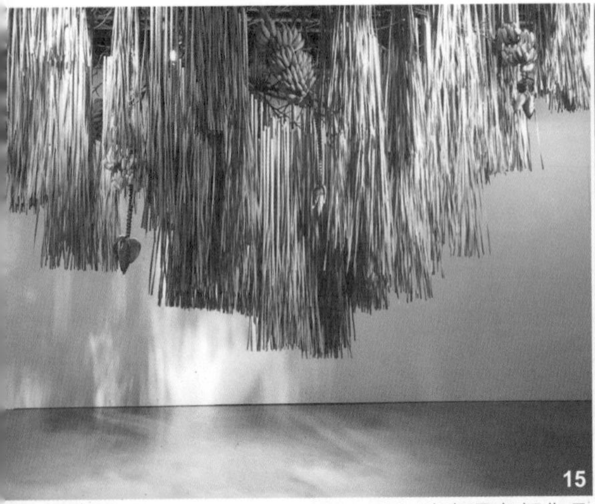

15. 凌宗湧老師作品 16. 宗湧老師與寶春師傅合照

17. 義大利聖誕麵包：潘娜朵妮
18. 學潘娜朵妮麵包
19. 水式酵母

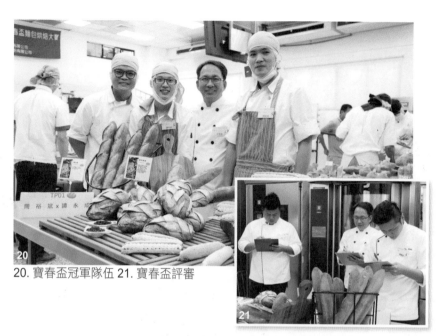

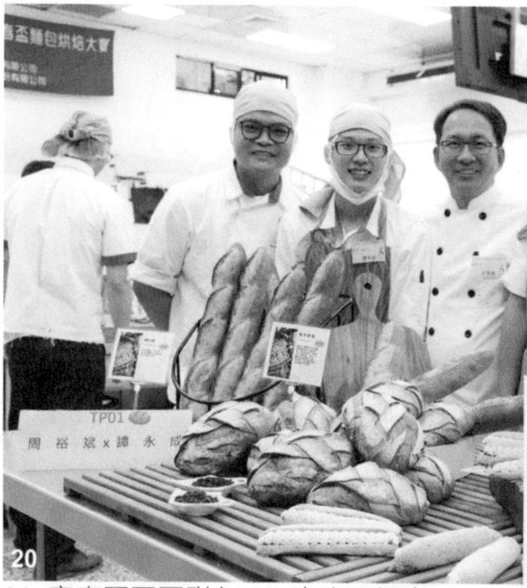

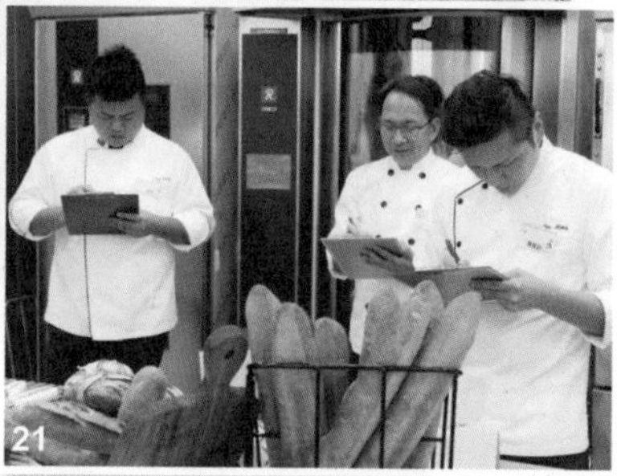

20. 寶春盃冠軍隊伍 21. 寶春盃評審

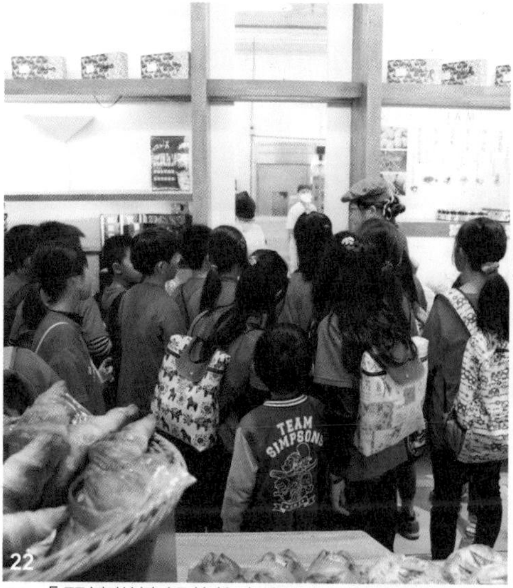

22.「閱讀悅讀部落格大賽」冠軍班級參訪

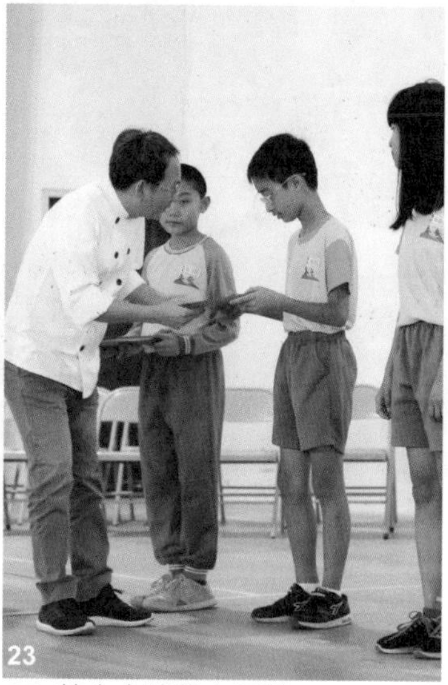

23. 基金會獎學金頒獎

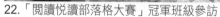

24. 恆春半島生態保育體驗營：生態教學
25. 恆春半島生態保育體驗營：製作鹽滷豆腐

26. 台南東山桂圓小農
27. 煙燻桂圓

吳寶春麥方店 LOGO 概念

吳寶春麥方店

麥方

台語的麵包「ㄆㄤˋ」，
與法語「pain」、西班牙語
「pan」，葡萄牙語「pão」，
義大利語「pane」、日語「パン」
發音相同，都是「麵包」的意思
既保留本土文化特色又是國際語言

太陽代表鳳梨
寶春師傅的母親早期靠著採收鳳梨
扶養八個孩子長大
鳳梨對寶春師傅來說意義重大

月亮代表母親的擁抱
寶春師傅懷著這份愛
努力不懈拿下世界麵包冠軍，
他也將這份榮耀獻給在天上的母親

星星代表寶春師傅
為台灣烘焙界最亮眼
的一顆星，繼續發光
發亮

月亮高高掛，星星在月亮的懷裡，母子情深，
再把星星、月亮、太陽組合成寶春師傅記憶深刻的鳳梨

28. 蕭青陽先生設計的 LOGO

推薦序

成就背後，是一連串不為人知的付出

施坤河

我們知道一個人的成功，絕對不是偶然的，而是需要經過很多努力的付出、多少挫折的歷練，而在這奮鬥過程假如當事人不講出來，很多是憑著傳聞臆測和片段的報導得知，很難全盤去了解當事人經歷的過程。寶春師傅從《柔軟成就不凡》得到麵包世界冠軍之後，開了吳寶春麥方店，他經營的麵包店很快遠近馳名，成為觀光客必訪的景點。我們了解以前的寶春師傅，從他當學徒到出師再到拿世界冠軍，跟我們分享很多的學習經歷，鼓舞很多師傅步他後塵到世界舞台發光發亮。但是從技術人員到經營者這十年他是怎麼改變？怎麼突破？我們能知道的還是有限，也是很多師傅盼望再繼續跟他學習的方向，有了《世界冠軍，然後呢？》這本書，他親自口述這十年他做了哪些事，他怎麼改變自己，從經營管理、帶人、產品創新及自身學習等方面，把他和傳統麵包店經營的差異做成筆記，像說故事般，我們可以從書中學到很多方法，找到很多答案，這也是我看到另外一個十年磨一劍後的吳寶春董事長。

每個人的背景雖然很不一樣，但希望走上成功舞台上的夢想都是一樣的，但多數人往往經歷到現實的考驗時，常因受不了挫折半途而廢，無法堅持走完每個階段。這是寶春師傅在本書要說明他跟很多人不一樣的地方，如何在不同階段成長以及如何克服逆境。要經營麵包店，首先要體會經營和做麵包是兩件事，雖然他沒有好的學歷，但是他不放棄努力參加ＥＭＢＡ課程，而且從中學到重要的管理四堂課：成本管理、策略思考、提問決策能力、團隊合作來輔助他經營企業，尤其他花了最多時間學習和研究的財務報表及損益平衡點，是一般傳統麵包店師傅一輩子不可能會去學習的課題。

人才是企業最重要的資產，要掌握關鍵人才來創造企業價值。他為提升店裡師傅，把主廚變經理，訓練他們要會看報表，要帶團隊管人，也邀請各店經理成為共同股東。更學習嚴長壽先生：「應該要建立懂得讚美與反省的企業文化」，靠良好的企業文化才能品管出好的人才團隊，持續製作出高品質的麵包，他帶領團隊從嚴格監督到轉變為關心，用發「荔枝卡」圓夥伴的夢。他身為老闆如何做決策？他學習到成為領導者之前必須先學會做一個好的引導者，常遵循司徒達賢老師「聽說讀想」：放下權威和成見，聽進並理解各方觀點；完整並有邏輯地論述出自身觀點；一輩子吸收新知是終身學習；分析思考，培養獨立思考和批判性理解的能力。透過吸收不同的人生經驗分享，也是追求成功者終身學習的準則。

當然冠軍是一時的學習才是永遠的，寶春董事長還是有很多無法預測的挑戰會接踵而來，例如剛面臨的一例一休，新冠肺炎等等，當市場發生變異時，像是開店虧損的危機試煉，他已有經得起考驗而且會做的更好的團隊，如《王永慶的管理鐵鎚》所說，以十年看一個人的經營成效，他已經過關了，未來除了繼續經營吳寶春品牌之外，還成為下一個世界冠軍的推手，也預祝他繼續以麵包閱讀世界及追求健康的夢都可以一一實現。

（本文作者為中華穀類食品工業技術研究所所長）

推薦序

吳寶春的EMBA之旅

吳靜吉

世界麵包大賽冠軍是吳寶春在麵包專業的創造力成就。創造力是指創意人組合不同元素的歷程，最後創造出新奇、適當或有用的作品或產品。經過同行專家的評審而獲得肯定，表示這個產品或作品具有前所未有的新奇特色。這樣的新奇作品必須具備影響力，或為消費者喜愛或造福社會和人心。

吳寶春獲得冠軍的作品叫「荔枝玫瑰」。他說法國的麵包喜歡加入黑黑小小的荔枝乾，他特地跑到市場觀察當地的荔枝，發現台灣的荔枝比起來更為「豐美」。他覺得法國的麵包加上台灣本土的荔枝乾必是絕配、獨一無二的。於是他問了以前結交的美食創意圈朋友，其中一人是南投 Feeling 18 的茆晉畔師父。

台灣果然已有工廠製作荔枝乾，他如獲至寶。

這款獨特的「荔枝玫瑰」經得起專業的考驗，但是經得起使用者或顧客的考驗嗎？他把歷屆獲得冠軍的產品仔細觀察、分析，然後問自己，「如果我是評審，我要如何評判？」他說決賽當天有一位評審露出肯定愉悅地笑容問他，這個似曾相識，卻又不一樣的東西是什麼，吳寶春認為自己已受到鼓舞，有機會得獎。等到公布之後，他才揭發答案，他看到那位評審露出驚喜的表情。

吳寶春製作創意麵包的一路上，主動地或把握機會，建立麵包專業的創意人際脈絡。

然後呢？他決心經營麵包坊。想要成為創業家、經營者，他需要經營管理的知識、創業的能耐，除了知識和能耐，他也必須建立管理相關的人際網絡。EMBA是最適當的機會和生態。因為當時台灣的教育體制和整個台灣社會重視層層學歷的緣故，他無法如願。幾經轉折，他從創意圈的專業朋友、新加坡國立大學EMBA校友，也是原味廚房負責人鍾坤志那裡得知他有機會被新大接受。

一九九七年，新大商學院警覺中文授課的ＥＭＢＡ可以吸收中國大陸以及其他華人社會的傑出人才，並且創造機會讓「有卓越商業成就，但沒有學歷的企業家或者高階管理人士」破格錄取，但必須證明申請者的為人以及具備理解授課內容、整理歸納重點、撰寫報告、分享合作的能力。

當時新大ＥＭＢＡ主任張均權教授和政大科管所（現為科智所）蕭瑞麟教授問我，有什麼方法可以實際證明吳寶春當研究生的能力和行為。

我是政大ＥＭＢＡ四天三夜「領導與團隊」課程的設計者和授課者，知道了吳寶春的麵包專業和創造力歷程，立即邀請他擔任該堂課的客座老師。在一〇一級放榜後，第一堂三個小時的課程說明會上，吳寶春分享了自己的創意歷程，過程中的簡報和表達溝通，贏得同學掌聲，這初步證明了他的能耐。第一堂課後，吳寶春問當時的博士生、也是現任東吳大學的歐素華副教授，能不能全程參與四天三夜的課程。我聽到後，故意大聲的說「只要有哪一個參與競標的團隊歡迎你加入就可以。」很快就成為後來稱為「麵包超人隊」的一員。他們以「吳寶春跨國麵包店」為題參與「團隊的建立與經營」競標。在九位評審老師你來我往的討論評選下，脫穎而出，在三個小時的「團隊的建立與經營」單元，帶領其他二〇〇多位同學，建立團隊，以及如何有效地經營。

他參與「領導與團隊」課程的表現，證明他就讀EMBA的資格。接著新大安排進一步的面試，由新大三位、台灣兩位，總共五位教授輪番拷問，一整個下午的時間中，吳寶春必須說明他為什麼要唸EMBA？他的準備狀況如何？最後，還要獨自參加閱讀司徒達賢《策略管理》後的筆試。

不僅如此，後來才從張主任那裡得知，原來校方也派了校友當「祕密客」，到吳寶春的店裡觀察他的為人。有了這些結果，最後再經過特殊委員會通過。

吳寶春深知要從成功的麵包師傅轉型為有效的經營者時，必須學會成本管理、國際行銷、組織發展等等企業經營能耐。

有一位台灣教授問我：「他已經是世界冠軍了，為什麼還要唸學位？」傳統上我們都以為讀書只是為了學歷，其實吳寶春希望以最快的速度，從教授提供的上課和閱讀知識、同儕的經驗和智慧分享互學中，練成一位成功的企業家。

因為幫吳寶春寫了入學推薦信，我很快就被張均權主任告知他被錄取了。我打電話給當時在日本的吳寶春，我說「你還是堅持去新加坡讀書，希望你的案例可以幫助台灣擺脫學歷，而鼓舞向學的人。」我就掛斷電話。

時任總統馬英九先生呼籲「務必要留住吳寶春」。其實我當時希望馬英九先生以總統的高度，要求教育部把握這個難得的機會，反思我們的教育制度和心態，特別是高等教育，而教育部也很快地針對馬前總統的「單點」呼籲，只花了一週的時間就完成「入學大學同等學力認定標準」的修法，這也就是後來政大ＥＭＢＡ成立人才濟濟創業主班的原因之一。

非常遺憾，我們的高等教育在發掘和培育人才方面，仍在前進三小步，後退兩大步的改革中。

（本文作者為政治大學創造力講座／名譽教授、國立中山大學榮譽講座教授）

作者序

吳寶春師傅 vs. 吳寶春董事長

尤子彥

「吳寶春董事長」，是二〇一〇年從法國抱回世界盃麵包大師賽冠軍的「吳寶春師傅」，過去十年開店創業後扮演的全新角色。一位頂尖的技術職人，如何放下榮耀得失，透過自我改造成為優秀的企業經營者，是這本書想探討的核心主題。

切入「師傅 vs. 董事長」這個主題，一方面是要完整記錄「吳寶春麥方店」開業第一個十年，從一人到成為二五〇人團隊的創業歷程；更重要的是，舉辦過上百場服務業店家讀書會的我和寶春師傅共同認為，不只烘焙業，包括餐飲業和美髮設計等，許多一身本領的技術職人，普遍缺乏經營觀念和品牌思維，以致當踏上開店創業之路時，團隊難成長，成功率偏低，這是長期以來服務業存在的痛點，但卻鮮少有人深入討論。

在這份創業報告中，寶春師傅親揭從職人走向經營者之路，所遭遇的每一道關卡，除了談當自家麵包店不再排隊時心中焦慮，以及面對管人帶心、個人到團隊創新，前往新加坡讀EMBA等種種挑戰；也透露為做好「吳寶春」個人品牌管理，成為第一個和經紀公司簽約的麵包師傅，卻遭同行非議背後心路歷程；更完整分享受新冠肺炎疫情衝擊，營業首度出現虧損紅字的危機管理做法。

儘管開店創業第一個十年，他只給自已五十九分的不及格成績，認定在創業開店這條路上，仍只是個還沒真正「出師」的學徒，但我的看待是，寶春師傅大方公開的這段經驗極其難得，對於不管是正準備創業、已經開店正遭遇成長瓶頸的技術者；或是與技術者合作開店，需要理解技術者思維模式的服務業經營者，一定都能從本書內容當中，找到值得借鏡的思維和做法。

就算你不是開店創業者，同樣能藉由本書，從寶春師傅身上見證到他如何透過再歸零，放下世界冠軍的昨日光環，透過學習不斷擴大認知邊界，打造升級版的全新自己。如同寶春師傅常說，「冠軍，是一時的；學習，才是永遠的！」，這是不管做為「吳寶春師傅」或扮演「吳寶春董事長」的他，一路走來始終不曾改變的信念。

最後，也要恭喜並謝謝寶春師傅，通過重重考驗，再次為在各行各業力爭上游的每一個人，樹立新的夢想標竿。

目錄

貳 建團隊

技術磨練轉為經營試煉

參
玩創新

讓麵包店不只是賣麵包

肆 傳承與夢想

壹。學創業

當職人踏上經營者之路。

我覺得如果有夢想、有理想，就必須創業。
因為老闆不一定能為你實現你的夢想，
達到你的理想！

1

世界冠軍到開店，我準備好了！

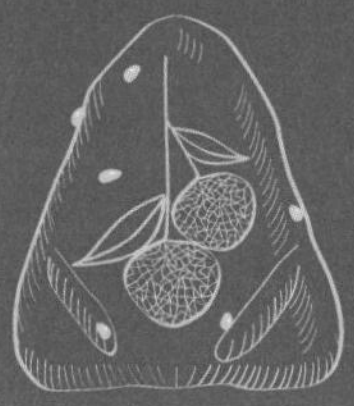

吳寶春，你比賽完之後要做什麼？

我要開店。我要開一家自己的店。

確定嗎？你真的做好準備了嗎？

確定。我準備好了！

從下定決心，走上參加國際烘焙競賽這條路開始，這幾句和自已的對話，經常在腦海中升起，不管是在一個人的午夜夢迴，還是每一次上場比賽前的最後準備。

創業最初的起心動念

二〇一〇年三月，我前往法國參加巴黎舉行的首屆世界盃麵包大師賽。比賽前一晚，因為時差和賽事壓力徹夜難眠，我告訴自己，都已經努力了那麼久，如果一直以來等待的那個盡頭即將在明天到來，那麼，我還有什麼好擔心的呢？既然自問都已經盡全力了，就表示我已經準備好了，明天比賽結果如果能爭取到世界冠軍，代表堅持到底的代價有了回報；如果不能，這一路的過程也可說問心無愧了吧。

完成這一番內在對話，像是在心裡埋下一顆定心丸，終於不再讓比賽成敗的得失心情占據腦海，逐漸讓自己把所有的注意力都放在比賽上，並和自己約定，明天天亮，不但要在這個陌生的城市裡做出最美味的麵包，更要把從十五歲當學徒以來，所學到的一切技術全部釋放出來，盡其在我徹底完成之後，坦然接受裁判的評分結果，而且不論得到第幾名，回到台灣以後，一定要開一家自己的麵包店。

歷經八小時的比賽，我以創作的「荔枝玫瑰麵包」做為代表台灣特色作品，摘下世界盃麵包大賽首屆「大師賽」歐式麵包組冠軍，手裡捧著熱騰騰的世界冠軍獎盃，看著勝利的代表隊旗幟在會場飄揚，那一刻的心情非常激動，除了喜悅之外，長期緊繃的情緒總算能夠放鬆下來，心裡更有一份前所未有的篤定，因為我要創業了，開啟屬於自己的一番新事業！

回國之後，我立刻著手創業，找資金、找店面更要找幫手組團隊，設計店內要賣的麵包種類，這個開店計畫，雖然在腦海裡已經計畫過很多遍，想像過各種的可能性，甚至連店裡要賣那幾款麵包、使用什麼食材，以及要呈獻給顧客怎樣的口感，都已經設定好了，但實際上路了，才發現原來過程中有那麼多細節要規畫和處理。先前信誓旦旦說準備好了，只是**我以為自己已經準備好了**，**一到經營現場，才發現原來我只會做麵包**。

對大半輩子只會做麵包的我來說，這些都是沒做過的事、沒遭遇過的問題，我內心當然也緊張、徬徨，但是我對自己說，儘管創業前途未卜，我已經做好失敗的覺悟。原來，**我的「準備好了」，是準備好面對失敗的決心**。既然如此，只要是不會的、不懂的，和做麵包參加世界比賽一樣，虛心歸零向高手請益學習，一定可以找到解決的方法。

為什麼一定要自己創業？這個問題很多人都問過我。台灣麵包店一家開過一家，很多賣得風風火火，但更多是開沒多久就撐不下去關門的，更何況，在拿下世界麵包冠軍之前，我已經是大型麵包店裡的主廚了，也經常受原物料廠商的邀請擔任烘焙顧問，不管是薪水或資歷，都達到一定的水準。相對的，如果要自行創業的話，不只要籌措出大筆的創業基金，同時也要面臨一旦創業失敗，錢燒光了卻賺不回來的風險。

但**我覺得如果有夢想、有理想，就必須創業。因為老闆不一定能為你實現你的夢想，達到你的理想！**比如說，我想用媽媽的名義成立教育基金會；又比如，我想成為一個像奇美實業創辦人許文龍先生一樣的企業家，這都是我的夢想，要真正實現一定得靠自己的力量去開創自己的事業，才可以達成這些目標！

當我是一個員工，我的主要任務必然是幫老闆創造收益，但是，如果我是老闆的股東或是合夥人，那麼在企業裡面，我的努力就會有實現自己夢想的機會。當然，我也常跟很多年輕朋友分享，並不一定要創業才能成就人生，創業只是實現理想的一條可行途徑而已。人努力工作，就是想要有個保障，想要有好的未來，每個人想要的理想必然不一樣，安穩而自在的工作與生活，也是一種很好的選擇，雖然我自己一直有創業的願景，但並不覺得所有人都要創業當老闆才是一途，這只是在我個人的認知裡，一個必須邁向實現夢想的目標。

大器也可以晚成

準備開店的這一年，我已經四十歲了，不但早過了「三十而立」的年紀，到了這麼大歲數才擁有自己的店，更是遙遙落後許多同行。多數麵包師傅「出師」後第一件事就是開店創業，我十五歲隻身從屏東到台北當學徒，花了十年時間從三手、二手做到師傅，二十五歲時成為一家麵包店獨當一面的主廚。很多麵包師傅之所以願意吞忍做學徒，面對師傅的不合理要求和磨練，就是希望有朝一日「出師」後可以擁有自己的店。許多當年一起做學徒的友人，到我開店的年紀時都已事業有成，住大房子開名車出入了，看在眼裡我當然很羨慕，也會著急催促自己，趕快創業賺錢改善家人的生活。

從二十五歲成為師傅，到四十歲拿下世界麵包冠軍，整整十五年，我一直都把創業這件事放在心上，也隨時都在準備，經常問自己，怎樣才算準備好？何時才是創業開店的最佳時機？因此，就算還在當別人的員工，但我總是把公司當作自己的公司，爭取下班後去上課進修的機會，除了把麵包做好，也思考怎樣才能把麵包賣好。

二〇〇五年決定踏上比賽這條路之前，一度曾經決定要開店闖一闖，那時剛回到高雄，也已在幾家規模不小的麵包店歷練過不同職位，老實說心中充滿了雄心壯志，很想證明一下自己，但兩個原因讓我後來還是打消在那時開店的念頭。

一來，那時沒有足夠的創業資本，沒有錢當然也有沒有錢的做法，可以先買進中古烤箱設備，再向原物料商賒帳，讓麵包店先有現金流進來再逐步成長，也不是不可行。**真正讓我裹足不前的原因是，我認真問自己，現在做出來的麵**

包好吃嗎？是能讓客人吃了有幸福感、願意一買再買的麵包嗎？對於這個問題，坦白說我內心還有很多的問號。

我永遠記得，三十歲那年，和幾個麵包店師傅結伴到日本自助旅行，也是人生第一次出國，在一家叫 Anderson 麵包店吃到一款牛奶吐司麵包，麵包體不但鬆軟且彈性十足，加上老麵口感，咬下去就像奶香十足的雲朵，和自己做的吐司比起來根本天差地遠，我做的是一邊吃一邊掉屑屑的菜瓜布啊！不只這家麵包店，很多日本麵包店的法國麵包，吃進口中竟然還會回甘，一方面終於明白原來這才叫麵包，一個好吃的麵包，能帶給人們如此的感動和驚喜；另一方面，則是打從心底徹底懷疑自己，做了十幾年麵包也被人家稱作師傅了，到底算不算真正會做麵包？

然後準備比賽也要一步一步來，如果要組隊去法國世界盃比賽，得先通過台灣區選拔賽並取得亞洲盃冠軍。為了爭取最佳成績，我不但暫停開店的計畫，也決定戒掉抽了十幾年的菸癮。從當學徒我就學人家抽菸，抽得很凶，後來幾乎一天兩包菸，每次廚房休息時間就出來抽兩根，明知抽菸對身體不好還常抽到想吐，心裡不想抽卻又戒不掉，就算把香菸送給別人，經過便利商店還是忍不住掏錢買菸。直到有一天，我問自己，如果連戒菸這種自己能控制的事都做不到，憑什麼拿冠軍呢？把冠軍和戒菸畫上等號，一開始周圍朋友沒人相信我會戒菸成功，因為說要戒菸十幾次了。戒菸後兩年，那時已拿下亞洲盃冠軍正在準備世界盃大賽，有一天晚上竟然又夢到自己在抽菸，因此拿不到世界冠軍，醒來還嚇出一身冷汗。

坦白說，決定要全心參加比賽時，也不知道拿了冠軍會怎樣，我只知道那是一個能改變未來、出人頭地的機會。過去台灣從來沒有人參加過國際性的麵包比賽，也沒有人可以給我們方向和任何的資訊，只能透過中華穀類食品工業技術研究所（以下簡稱穀研所）了解大致比賽規則，再由現任穀研所所長的施坤河老師擔任教練，訓練比賽內容。儘管所知甚少，但每參加一次比賽，我就越清楚未來的夢想。

一開始，我設定的目標只是拿下台灣冠軍。二〇〇六年我和曹志雄師傅、文世成師傅組成的團隊，從二十七個參賽隊伍中贏得冠軍，我和大家一樣都覺得不可思議，隔年挺進亞洲盃再度過關斬將，終於在二〇〇八年圓了前往法國比賽的夢想，抱回世界盃麵包大賽的團隊亞軍獎盃，我個人則以「紅酒桂圓麵包」拿下歐式麵包的個人優勝。

拿到世界盃麵包大賽亞軍後，才是我人生即將面臨最大煎熬的開始。原本世界盃麵包大賽和奧林匹克運動會一樣，由各國家派出代表團隊，每四年舉辦一次，但二〇〇八年世界盃麵包賽大會上，主辦單位宣布將在二〇一〇年舉辦第一屆世界盃麵包賽個人組的大師賽，我和曹志雄則因取得優勝資格，分別取得參加第一屆大師賽的歐式麵包和藝術麵包項目參賽資格。

不知道這是老天再次給我的絕佳機會，還是在考驗我改變命運的決心。那一年，我已經三十八歲，學做麵包二十年、準備比賽超過一千個日子，終於拿到世界麵包冠軍賽的入場門票，但同時也面臨創業開店的再次抉擇。很多身邊好友都認為，我都拚到台灣第一、亞洲冠軍，已經很不錯了，開一家店綽綽有餘，更何況，萬一下一場比賽輸掉怎麼辦？

但不知道從哪來的一股勇氣，可能因為夢想近在咫尺，就像跑馬拉松只差最後一段路就奔向終點線，從拿到世界盃麵包大賽亞軍獎盃那一刻，我就決定要挑戰二〇一〇年的麵包大師冠軍賽，抱著亞軍獎盃回到屏東老家，我更在媽媽牌位前許下願望，兩年後一定會把冠軍獎盃拿到手。

當我這樣跟朋友說的時候，他們覺得我不可思議甚至不可理喻，現在回想起來自己也覺得不可思議。當時甚至為了能全心練習，爭取世界冠軍，回國不到半年，便毅然決定離開當時就職的麵包店正職工作，到參加麵包大師冠軍賽前，整整兩年時間沒有固定收入，戶頭一度只剩下新台幣十幾萬元。要不是遇到哈肯鋪創辦人黃銘誠師傅願意聘我當他公司顧問，還有好幾家原物料商找我兼差當講師，如一之軒、聖保羅烘培花園、供美香烘培坊、中華麵包。苗林行、多麥綠、中部電機、鐵能社、喬禾國際，則是無償提供比賽練習場地和設備等等，感謝一路上許多貴人的照顧，否則我根本扛不起每個月一萬元房租，和逐月匯六萬塊照顧子女的經濟負擔，更別說安心準備比賽。

創業苗籽破土而出

我退伍後不久，便遇見了許文龍先生，不是真的遇見他本人，而是我從他《觀念：許文龍和他的奇美王國》書中，看見成功之道的樣子，以及一個企業家的智慧和風範。從書裡面，我看到許文龍先生從做買賣生意開始到開辦工廠生產自己的產品，他從為別人工作到為自己工作，最後還要帶領企業成為世界盟主，這些思維對年輕的我帶來很深的啟發。於是，當時便在心裡立下了對我人生來說，影響極為深遠的一個心願：我要成功，要成為一個像許文龍先生一樣的企業家！

回溯驅動我創業的關鍵動力，除了完成為媽媽成立基金會的夢想，就是受到奇美實業創辦人許文龍先生的影響。

以許文龍先生為事業的榜樣，就像在心裡埋下了一顆種籽，隨著我不停去想、去實踐，最後終於慢慢發芽成長茁壯起來。也因此，在看見世界盃麵包大師賽的邀請時，別人眼中認為是一場不見得能贏的比賽，但我看到的卻是一個希望，一個絕好的測試機會，想試看看這麼多年下來，我到底成長了多少，到底夠不夠格與世界級的人物同場競爭。我如此熱切想成為世界冠軍，最重要的原因，是想知道自己真正的程度可以到達哪裡，能不能去挑戰巔峰？

面對比賽如此，創業開店也是。我內心真正想的，不是一家只夠養家活口的麵包店，而是做出一番真正屬於自己的事業，我想成為一個成功的企業家，開麵包店只是這一切的起點。如今我準備好了，並不只是拿到世界冠軍，而是從比賽過程中，學到如何面對失敗的勇氣和心態；以及對於想呈現一家怎樣風格和意義的麵包店，心中的藍圖越來越清晰了！

2 經營和做麵包是兩件事

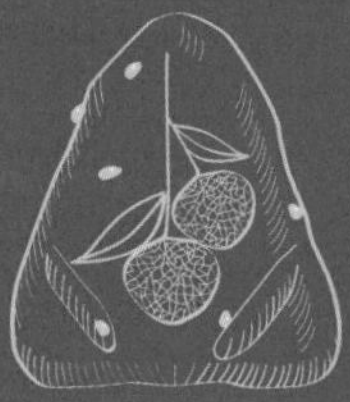

下決心開店之後，第一步是先註冊公司登記，雖然資本額是借來的，但等於是對自己的一個宣告，因為不知道會不會成功，一開始決定先獨資，拒絕了朋友想合夥的提議。

萬事起頭難。光決定開店地點，在高雄就看了超過三十個店面，二〇一〇年十一月開幕之後才是真正考驗的開始（第3頁圖1）。每天開門迎接的不是客人而是惶恐，十八位師傅加上十二位門市人員，一天估計營業額要達到二十萬才能打平，可是試賣的時候卻沒有達成，加上開店前向廠商、朋友貸款的錢，買完設備做設計裝潢後也花得差不多了，沒有把握是不是真的能夠把店經營起來，很怕會撐不下去。

現在回想起來，套句台灣諺語「青瞑ㄟ唔驚槍」（瞎子不怕槍），當時自己真的太天真，以為開店很簡單，籌備下去才知道，要一一申請很多執照，設計師規畫的所有隔間，都得符合消防法規，這些我都不懂，一邊籌備一邊找朋友問，最離譜的是，開幕前幾天發現烤箱不夠用，才又緊急採購添加。

意識到職人與經營者的兩難

和做麵包最不一樣的挑戰，是創業要處理「人的問題」。我雖是做麵包的老手，卻是開店菜鳥，由於開的不是小店面，不但得請人手，也需要資歷不同的師傅負責麵包製作。品項複雜了，人員多了，就一定得分部門管控流程，為確保整家店運作順暢，身為老闆我則必須從麵包師傅的職人角色，轉變為帶領團隊的經營者。

還好，創業之前，我在好幾家頗具規模的麵包店任職過，對於如何扮演管理者角色，已有過不少歷練與經驗，在自己開店時，這些學習正好派上用場。

自服完兵役退伍之後，每一年我都會給自己設定年度目標，逼迫自己一定要進步，有句話說「目標管理行為」，設目標最簡單的方法，就是薪水一年要比一年高，雖然庸俗卻很明確。但當了師傅幾年後發現，如果只做麵包師傅，在傳統經營的小麵包店，就算技術練得再好，月薪最多就三萬五、四萬元，很難再上去了。想拿高薪就必須思考除了做麵包之外還能做什麼，也一度嘗試學人家做直銷，雖然沒有賺到錢，卻有機會訓練我的口才。

想到底，除非轉行或創業，若還是在烘焙業，薪水要成長唯一的一條路，就是改變職能挑戰管理職。那時我二十八歲，完成從學徒到師傅初步訓練，也看了很多成功人物的書，逐漸理解到經營管理對企業成長的重要性，既然要爭取更高薪水，就不能一直在同樣的位置上停滯不前。於是我開始思考，是不是要嘗試轉職到比較大型的麵包店工作看看？畢竟大型連鎖麵包店除了做麵包，還重視管理，作業環境與流程也比較有制度。為此，我每天都在留意，有沒有什麼機會可以更上一層樓。

剛好這時候，高雄有一家大型麵包公司與我連繫，是當時南部名氣響亮的連鎖麵包店，公司制度完善、員工數百人，分設很多部門，光是麵包廠廠長底下就有科長、組長，也有獨立部門負責財務和營銷，這些都跟我以前工作過的麵包店很不一樣。原來這家公司的老闆之前從事直銷業，跨行開麵包店，找來有管理工廠經驗的人來管生產線的師傅，用企業化的方式經營，是我從來沒接觸過的工作環境，很想知道公司怎麼經營連鎖麵包店，於是萌生想嘗試看看的念頭。

當時，來找我的是廠長，他對我說：「寶春啊，我看了那麼多麵包師傅，就覺得你最適合來我們公司工作。」因為當時我在高雄算是點子很多、很愛嘗試新花樣的麵包師傅，也因此做出來的產品頗受顧客喜歡。

由於自己原本就想要有所突破，給的職銜又是麵包科科長，薪水也比原來增加許多，所以很快就答應邀約去上班。原以為跳槽到大公司，升職又加薪，就要時來運轉了，誰知道這一次轉職，其實是一連串痛苦的開端。最沮喪的時候，我常一個人騎著摩托車，漫無目的飆到海邊，吹整個下午海風，問自己當初做這個轉職的決定，到底是做對了？還是做錯了？

「人」的問題，還是「管理」問題

第一天上班，廠長召集麵包科所有同仁，我一看嚇得差點想逃走。以前我在麵包店裡，就算帶學徒和工讀生，頂多就是三、四個人罷了，現在卻是要帶四、五十個人的團隊，還有四個比我年紀大的組長，從來沒看過這等大陣仗，記得那時廠長要我跟同仁自我介紹時，緊張到說起話來忍不住臉紅發抖。那一天下班回家，我心裡冒出了一個聲音：「吳寶春，你怎麼敢到這樣的公司在這樣職位上做事啊！」

儘管如此，為了逼自己成長，第二天我還是硬著頭皮進公司，把這份工作當成一個重要的轉折機會，對自己心戰喊話，如果可以在這家公司好好做下去，闖出一番作為就會和其他麵包師傅很不一樣。

當時最大挑戰，在於工作內容發生很大變化。擔任麵包科科長，我不再需要親自去做麵包，而是要管裡部門裡的麵包師傅和生產線上的作業員，任務是確保每天能生產出門市所需要的麵包品項和數量，且品質要符合公司標準化規定。部門分工也很細，分烤箱組、攪拌組等不同組別，每一個步驟都有作業準則，如果哪一個環節發生問題，我就要立刻處理、解決，和以往在傳統麵包店廚房裡，師傅說了算的做事方式很不一樣，也是我第一次正式接觸管理職。

萬萬沒料到，找我進去的廠長竟然沒多久就離職了，原本想說至少有一個認識的人可以倚靠，結果，我就像個手無寸鐵被扔進羅馬競技場的人，所有問題只能靠單打獨鬥面對，最直接的挑戰就是安排團隊合作。光整條生產線的流程，我都還在摸索，根本無從領導管理起，而且，我算是空降的主管，很多資深師傅不但不認同我的技術，還故意動手腳，說難聽點根本是等著看我出洋相。

那個時代的人開始有早上吃麵包的習慣，因應市場需求，每天早上都必須有一批麵包出爐，才能趕得及門市販賣。因此，須有一批麵包前一晚進行前置作業，完成攪拌放入發酵箱設定好溫度，這樣第二天一早才趕得及整形烘烤。有一回，一位負責管控發酵箱的師傅，因為溫度設定過高，導致要做一千多個麵包的麵糰全部過發，我早上一到公司發現問題，只好立刻召集人手全部重頭來過，但已經來不及了，原本該出到九家門市的貨也因此開天窗，我當然也挨了上頭一頓罵。

後來有人點醒我，這位師傅其實是故意的，犯錯只是為了想把我逼走，經查證後也發現確實如此，心裡真的痛苦不已。之所以痛苦，是因為本來到這家公司，目的是想學習大公司是怎麼樣運作的，結果卻落得挨上級怒罵又被屬下作弄，真是兩面不是人，整整大半年，我每天都像無頭蒼蠅一樣不知該怎樣面對這些問題。

總之，每天都有層出不窮的問題，更不用說幾條生產線的作業員，各自之間還分有小派系，動不動就為了雞毛蒜皮的事吵架，有一次竟然打了起來，我身為主管不處理不行，但又不知道該怎麼處理才好，當時心裡只想著如何才能解脫。那時還沒有手機，是用 BBCALL 呼叫器通訊的年代，工廠採輪班制，只要輪我排休，就很害怕 BBCALL 響，只要一響肯定是生產線又出問題，非得要馬上回去解決不可，到最後真的有衝動想乾脆把 BBCALL 扔掉算了。

印象最深的一次，是公司要裁員，要求我的部門必須裁掉五個人，並要在期限內完成。這個要求對我來說非常痛苦，因為自己也是為了一份薪水打拚，設身處地想，任何一個人突然被公司開除，生活怎麼可能會沒有影響呢？更何況要被裁員的對象，都是年紀可以當我媽媽的五十幾歲阿姨，雖然這些生產線的同仁常惹出不少麻煩，但我卻一點也不想藉這個機會報仇，內心掙扎遲遲提不出名單來。

後來，上面要求的期限快到了，主管找我去談話，他給了五個人的名字，要我負責溝通與解職。主管還特別提醒，一定要一個一個找來談，不要一次把五個人全找來，因為公司不想給遣散費，這樣做比較好，以免引發負面效應。

然而當時的我只想逃避這個任務，事情又拖了幾天，每天主管都來問我進度，甚至下最後通牒，最後我被逼急了，想說快刀斬亂麻，回到部門裡面就把那五個人找來一起談，我說公司已經決定了，請大家離職。我一心只想快一點把這塊燙手山芋丟出去，完全忘記主管的交代。只見他們一聽我說完，就全哭得稀哩嘩啦，回去組裡面又吵又鬧，還和別的部門串聯告上勞工局，最後事情越演越烈以致很難收拾。

一直到現在都還記得那時一位主管提醒我，**管理和做麵包不同，麵包只要設定好溫度、遵守作業流程就不會出差錯，但經營公司就是「管人的事」**，身為一個主管，必須要做好溝通，處理很多人際關係。

這件事也讓我察覺到自己個性上的缺點，感情用事耳根子軟，總想當好人，缺乏領導者該有的果斷和堅定態度。後來想通了，以前在小型麵包店裡，權力最大的就是師傅，師傅只需要應付一個老闆，但來到大公司得顧及部門之間的協調。要不是成為團隊主管，我又怎麼會看到那麼多以前沒遇過的問題，也不會為了想要解決問題而去學習更多做事的方法。

後來，在主管支持下，公司同意讓我與西點科的科長，一起去中國生產力中心上生產管理課程，講師都是有實務經驗的業界專家，幾個月之後，總算開啟我對管理這門學問的認識，像怎麼跟人家溝通？如何擔任一個好的管理者？如何建立領導風格或如何提升管理績效等等，只要是從課堂上的個案理解到的方法，現學現賣拿回工廠實際運用，果然工作效率提高不少，也不再害怕開會，上班逐漸變成一件充滿挑戰且令人期待的事。

學習路上心態歸零

說起這段經歷，對我來說真的是一個非常重要的轉折。不管是那時遭遇過的困難，或學習到的方法，對後來不管是參加比賽或是創立公司，都有很大的影響，可以說，因為有那一段時間的歷練，開啟我對企業管理的理解與興趣，了解「什麼是公司」這件事。

在這家麵包公司的工作告一段落之後，我陸續到台中和高雄的其他大型麵包店當主廚，隨著試錯和管理的經驗越來越豐富，越來越體會到打造團隊的重要。帶領師傅最常遇到的問題就是，大家都是帶著之前當學徒的工作方式來上班，尤其是小型麵包店，老師傅不會告訴小學徒為什麼要這樣做，師傅養成多半靠土法煉鋼，要去規範師傅遵守大公司訂下的標準作業流程，大家通常左耳聽右耳出，不然就是搞小聰明更改流程，想試看看自己的方法是不是更省事。

有一次，一名副主廚擅自更動我規畫好的攪拌流程，結果搞得全部生產線的作業大亂，許多發酵麵糰因此報廢無法準時出爐，影響當天門市的整體業績，我認為不能再犯這種過錯，於是當天下班前把師傅召集起來，嚴正地跟大家宣布：「任何人都不可以改變公司的作業流程，這是一個團隊，如果做不到的人，馬上可以離開！」

懂得堅持也是因為越來越明白，帶領團隊的要領。很多人問我，我會給新人機會嗎？會採用完全沒有經驗的人嗎？在我公司，除非是需要專業立刻能上手的職務，例如行銷或財務等，我都很歡迎年輕人進來學習，只要有心從頭學起，態度比技術來得更加重要。

雖然也有很多師傅在來到我店裡工作之前，在其他麵包店有非常多的經驗，不過，**面試時我通常會先提出一個條件，就是不管過去技術多厲害，不管以前學做麵包的方法如何，來到「吳寶春麥方店」就要把心態歸零**。能夠心態歸零的人，在進入一個新環境時，才能更有彈性去完成工作任務，同時也能學習到更多，但一開始主管如果沒有用比較強硬的態度要求，任新人依照過去的工作習慣做事，肯定他不是和同事產生摩擦影響工作效率，就是自己覺得痛苦沒有成就感，到頭來也是待不住。

記得去日本學習時，一位老師傅曾跟我分享，與其用一個拘泥成見、固執己見的資深人員，不如用一個完全重新開始學習的新人，現在自己經營公司，更加體會到他所說的道理。不是說不讓底下師傅表現自己的才華，而是得先學會公司的作業方式和流程，做事方式先和大家一致之後，如果有更好的建議，當然歡迎提出來討論，新的方案一定也須經過團隊充分溝通之後，才會進行修正優化。畢竟，經營品牌沒有出錯的空間，消費者來到吳寶春麥占店心中期待的，是買到一百二十分高標準的美味麵包。

3
麵包主廚擔任店經理

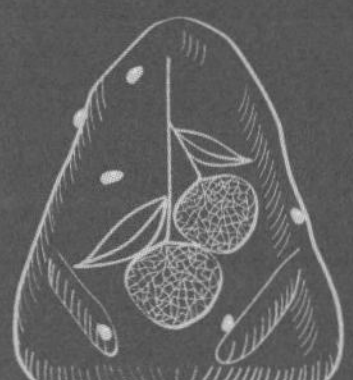

高雄店開幕頭一年，生意算是相當不錯，幾乎每天都有客人在門口排隊，為了不讓排隊久候的客人吹風淋雨，我們還特別在門口搭設帳棚，希望前來消費的客人都能感受到店家的用心，「吳寶春麥方店」甚至成為很多國外觀光客來到高雄的打卡景點，無形中也扮演替城市代言的重責大任，更是讓團隊夥伴不敢鬆懈。

最困難的一段總算是度過了，營運逐漸上軌道，加上很多客人願意支持冠軍麵包和店裡其他產品，不滿一年就還清廠商設備款了。創業以後，賺到的第一個一百萬，是跟統一超商7-11合作推出「陳無嫌鳳梨酥」禮盒專案，那是我生平第一次看到那麼多錢，而且是首度以母親的名字做為商品名稱，意義非凡，也讓我再次確定，走上創業這條路是正確的選擇。

體驗式消費讓顧客甘願上門

不過，一年多之後，排隊買麵包的人潮逐漸散去，店裡業績開始出現下滑的跡象。坦白說，一方面我早有心理準備，開幕時預估排隊的蜜月期效應最多維持三個月，超過一年其實已遠超乎我預期。但另一方面，我也在思考，消費者固然追趕流行喜新厭舊，但麵包是生活日常需求品，如果產品夠好，吃過我們麵包的客人應該會一來再來，而不該只是嘗鮮而已，很多日本百年老店賣的東西就哪幾樣，配方也幾乎不變，不也天天店裡大排長龍，難道他們的客人都吃不膩嗎？

究竟是產品出問題，或者服務出問題？還是整體都出問題了？開店最怕生意變差又不知道問題出在哪裡，遇到瓶頸的我反覆思索業績下滑原因，想起以前待過的好幾家麵包店，常常生意一不好，就推「滿一〇〇送五〇」等各式折扣促銷，等促銷活動結束，門市業績又恢復疲態，就找理由說可能是打折時客人多買了，所以沒再回來買，但大家都心知肚明客人其實已經變心了。

如何才能緊緊抓住顧客的心？找不到答案的我求助專業，請來一位在日本專門輔導麵包店開業的藤岡千穗子老師擔任顧問，除診斷店內問題，也幫各分店的同仁上課。

藤岡老師協助過很多麵包名店，替很多麵包店解決營運改善的問題，他的課程帶給同仁們很多新啟發，例如，剖析日本的麵包店是怎麼估算一家店業績，如何做生產排程計畫，才能做到「永遠讓顧客吃到熱麵包」；他們又是怎麼設計停車場的動線，以及店內流程動線規畫，讓顧客更樂意隨時都來買麵包，且買得更多。還有，店內各式製作物陳列方式，用手寫的POP海報比電腦列印更有溫度，更能帶給顧客親切感等，讓大家明白，一家麵包店生意若要持續成長，從生產、行銷到服務體驗，都得環環相扣，與傳統麵包店以為店開了客人就會自動上門，是完全不同的經營思維。

舉估算單店營業額為例，那時我們剛好要進入左營高鐵站設點，藤岡老師要求先調出高鐵每天進出的客流量，以及附近店家如星巴克平均客單價等數據，再依據交通樞紐、商場特性的提袋率，計算出的單日營業額，竟然和後來開店的實際金額幾乎相同，證明業績是可以被事先估算出來的。街邊門店也是一樣，必須從所處商圈的人口數為基礎，訂出營業目標，以顧客端的需求為起點，反推出麵包的出爐時間，以及再往前推送進烤爐、麵糰攪拌等步驟的生產排程，生產部門完全配合市場銷售，才能做到「永遠讓顧客吃到熱麵包」，而不是像傳統麵包店是生產導向，師傅做多少門市就賣多少，賣不完只好打折出清。

打破，讓銷售端連結產品端

這門課程我也跟著大家一起學習，因為如果領導者自己不能理解，只靠員工理解，是無法真正有效改革的。顧問的分析也顛覆我很多想法，原來**「會做」麵包跟「會賣」麵包是兩回事**。印象最深刻的，是藤岡老師提示的「三、五、七法則」，推出新產品的時候，一次最少要同時發表三款，才能引起顧客注意，只出一款不但很單調，也很容易被其他品項所淹沒。若一次發表五款新品，客人一眼就會覺得很豐富；同時推七款新品，則是能完整表達主題的策展概念。不過，也不是越多越好，一旦品項超過七款，反而會顯得凌亂，造成客人的選擇困難。

經顧問提示，我後來觀察到很多厲害品牌都是這樣做，像鼎泰豐推出新的冷凍水餃宅配商品時，就一口氣推出高麗菜、白菜和韭菜三種口味，吸引顧客的關注。「三、五、七法則」也成為後來店內推出新品的做法，以使用夢幻麵糰研發的新品為例，除了一次推出「不老吐司」、「紅豆粉粿吐司」和「一條雙味吐司」三款，再加上三色的「勿忘我」吐司，以及將店內紅豆麵包、蔥麵包和克林姆麵包，三款代表性的台式麵包也同步升級為夢幻麵糰，加起來就有七款新品，形成一個讓消費者能產生印象的完整主題（第3頁圖2～4，第4頁圖5）。

做麵包師傅這麼久，一直以來總以為一家麵包店的核心是商品，生意掉下來就想辦法推出新產品，但常常是想到什麼就推什麼，完全沒有營銷思維，更沒有聽過什麼策展的概念，也從來不會去想怎樣才能引起消費者注意，**一系列專業診斷，點醒我打造一家厲害的麵包店，不能光靠師傅做出好吃麵包就可以，還要搭配營銷懂得顧客心理。**

除新品推出策略，藤岡老師十分重視顧客從進店內到離開，一連串體驗旅程的規畫，從新品區、試吃區、周邊商品區到排隊結帳，每一個停留點都要有明確訴求。以進門第一眼看到的展示櫃來說，就好比是書店新書區，適合擺放新品或季節限定產品，從行銷企畫的角度，這就是對消費者進行生活提案，賣的已經不只是麵包，而是透過麵包帶給消費者更美好的生活想像。

至於擺放麵包的陳列櫃高度則必須是九〇公分，為此我們還把原本過高的櫃子打掉重做。細部的燈光氛圍和商品擺設更是馬虎不得，麵包不但要依大小、顏色歸類並形成主題，顧問還指出，每個麵包外觀就像人的一張臉，不同角度看起來都不一樣，陳列時必須把最漂亮吸引人的角度朝向客人。有句話說魔鬼藏在細節裡，透過動線安排和種種細節的鋪陳，才能讓客人從踏進麵包店的第一秒，注意力就被美味的麵包緊緊抓住，一旦客人多看了幾眼麵包，便能拉長他在店內的停留時間，達到提高提袋率與人均客單價的目的。

專業顧問的建議非常具參考價值，上完幾次課後，我們陸續把改進方案導入門市運作，決定先以高雄店做試辦。然而一開始並沒有立刻改善銷售成績，甚至因為嘗試新模式的操作而導致同仁在適應上的磨合與困難，照著老師教的卻未能看見效果，令我覺得困惑，因為我在一起學習的過程中，完全可以理解老師教導的脈絡與方向，照理說應該能有一定程度成效！面對這個狀況，我深入了解後發現，原來是執行上出了問題，門市第一線人員只知道顧問這樣要求，但卻無法真正了解為什麼非得要這樣改不可，例如麵包一上架，客人很快就買走，何必要多花時間調整擺放角度？顧問還要求師傅必須排定時間到門市做「主廚秀」，以增加和客人互動的機會，對個性原本就比較內向的多數麵包師傅來說，面對的對象突然從麵糰轉變為形形色色的客人，更是未曾有過的挑戰。

破釜沉舟決心推動變革管理

我把遭遇到的難題再次反應給顧問，他給了一個新方向，建議我進行組織合併，讓門市和生產部門的主管調整為同一個人做主導，因為只有當生產和門市兩部門溝通順暢，做麵包和賣麵包的人才不會變成各行其是的雙頭馬車。

於是，我決定把主廚提升為店經理，要求主廚也要到門市實際與顧客接觸，掌握消費者的需求和回饋，也就是說，之後主廚不但要維持高標準的麵包品質，也要扛起每家店的業績目標，對開店經營要有全盤思維。再加上透過分組演練顧問提出的方案，讓同仁充分理解並做好心理建設，等到做好這些變革的配套方案之後，才再次上路實施，經過如此調整，也就慢慢看到確實的成效，業績也因此回到成長軌道。

其實，顧問建議做部門合併，**讓主廚成為店經理這件事，我一開始非常猶豫該不該這麼做，甚至花了超過兩個月思考，才下了破釜沉舟的決心推動組織變革**。在烘焙業界，大型麵包公司的組織是分生產和門市兩個部門，生產部門的主管是主廚，而門市部門主管是店經理，也是一家店的最高主管。主廚是技術職，店經理是管理職，兩個職務角色和所需具備的職能很不一樣。師傅做好生產管理，店經理則掌握消費者需求，但由於生產掌握在師傅手上，做不出麵包就無法開店營業，店經理很怕萬一師傅鬧情緒不來上班就無法開店，因此，即便消費者對產品有抱怨也不敢直接告知師傅，長久下來容易出現做歸做、賣歸賣，團隊分工卻無法合作的盲點，唯有改由主廚擔任一家店的最高主管，讓生產部門直接面對消費者反應，產銷合一才能快速回應市場的需求變化。

但這意味著，師傅必須同時扮演管理職的角色，擔任管理職要看業績報表、要帶團隊管人，這對過去只須專心做麵包的師傅來說，是一個很大的挑戰，要求做這些改變從頭學管理，可能會搞得麵包師傅掉頭就走，落得人才流失的下場。因此少有麵包店敢這樣要求技術者，我自己也是花了很大力氣，才跨越技術者到管理者的鴻溝，這個變革堪稱是創業開店以來，所下的最大賭注！

有了決策之後，接下來就是看要怎麼執行了，由於組織變革牽動到店內主管的權責和權益，不是隨便發一份公告就自動完成的，如果處理不當，反而造成組織內部的猜疑和動盪。

首先，我分別找來各店主廚了解他們的意願，畢竟若擔任店經理，職務和權責都會有大幅度的變動，不只要做出好吃的麵包，還得懂得如何把麵包的幸福感，傳遞到顧客心中。跟主廚談完之後，原本店經理的職位也不得不有所變動，我的做法是將原本的店經理輪調到另一個單位擔任主管，和主廚一樣必須重新學習新的工作內容，至於他是否願意接受這份新挑戰，尊重同仁意願，如果願意心態歸零，在團隊內的職務發展一定能更上一層樓。當然，如果這不是他想追求的職涯，提出離開團隊的要求，我也尊重彼此決定。

當時的三家店陸續完成組織變革，運作幾年下來，營運狀況都很好，終於重新找回品牌的成長動能，「吳寶春麥方店」成為烘焙業界少數任命主廚擔任店經理的公司。二〇一六年底，藤岡老師再次來到店裡，我特別請他檢查還有沒有什麼問題需要改進，他很開心地對我說：「非常的完美，完全可以放心。」心裡除了覺得安心，也非常欣慰這些年店裡每一位同仁，一起把一個個細節和一項項原則，都給堅持了下來。

共利才能共好

下決心要讓主廚成為店經理，還有另一個原因，是我回想起過去在麵包店上班當師傅時，自己對如何規畫未來感到茫然，每隔二、三年就換一個老闆，對勞資雙方來說其實都非常消耗。如今自己變成老闆了，做為一個出身學徒的麵包店經營者，很能體會年輕學徒的心情，因而不斷思考，如何創造出一個「共好」做法，讓麵包師傅在幫公司賺錢的同時，也能夠創造屬於自己的未來？

在傳統烘焙業界，師傅總是看老闆給多少錢做多少事，老闆則是看師傅做多少事才給多少錢，彼此都在等對方先付出更多，阻礙一起進步的可能，最後導致的結果是，一家店的經營狀況每下愈況。自己是過來人，不希望彼此不能互信、無法同心這樣的事發生在「吳寶春麭店」，我想創造的環境是員工想做多少事，我就願意給多少錢，當先付出的一方。我相信，一個共好的工作環境，會帶來雙贏甚至三贏的高度效益。

基於此，**為實現「共好」，在公司發展漸趨穩定之際，配合推動組織變革，**

我決定邀請各店的店經理成為共同股東，公司從原本一人獨資的型態，改為股東制，大家一起承擔經營風險，也一起共享利潤。站在店經理角度，可以從扮演股東開始練習經營思維，並不斷進化成為一位優秀的領導人。從公司的角度，企業就變成一個生命共同體，會隨著更多人才的投入，帶領吳寶春麥方店走向更精采的下一段旅程。我們是生命共同體，共同努力、共同打拚，共同面對企業經營的成敗。

更何況，人才是公司最重要的資本，企業的「企」字是上面一個人字、底下一個止字，如果人沒有了，企業就會止步不前。我始終相信，**得先要有好的人才，才能做出好吃的麵包**，在選擇夥伴上，我向來會花很長時間去觀察，例如幾位升上來當店經理的同仁，都是跟著我共事很多年的資深主廚，不管在技術力、抗壓性或團隊精神等，各方面表現都相當好。如果想爭取和這些優秀人才並肩長期作戰的機會，就必須讓他們未來可以收獲更多、得到更多保障，這樣他們也才會相對應積極投入，創造出更大更多的利潤，大家一起把成就企業的目標做穩做大。

身為一個老闆，要能做到真正的「共好」，是一項非常大的考驗，因為如果無法先做到「共利」，很容易流於表面高呼的口號。我總想嘗試並挑戰過去烘焙業經營者，比較不會考慮或是選擇的事，事實上，我也在測試與檢驗自己的格局到底可以放大到什麼程度。經過這幾年的實驗和驗證，我的體會是，企業就像一個有生命的有機體，企業管理者是這個生命體的大腦，大腦主要工作不在執行，而是做準備和規畫，時時關注外部市場變化與企業內部的發展，並做出策略選擇，一旦發動變革就必須下決心執行到底，才能維持不斷茁壯成長的動能。

貳。建團隊

技術磨練轉為經營試煉。

好吃的麵包絕對不是只靠制定SOP，
唯有靠良好的企業文化，才能品管出好的人才團隊，
持續製作出高品質的麵包。

4 EMBA學到的四堂課

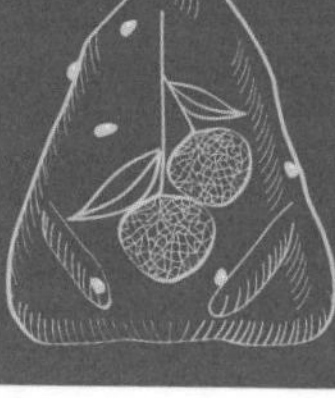

小時候不愛讀書，每次放學回到家媽媽問我，今天在學校考試考幾分？我總是隨口回答她：「一百一十分啦！」因為零分下面有兩畫，橫著看就是一百一十分。

二〇一三年七月，我前往新加坡國立大學進修EMBA碩士，成為該校EMBA第一位以國中學歷入學的學生。前往新加坡前，我也曾分別申請報考國內的中山大學與政治大學EMBA，但皆因只具國中學歷不符資格而未能入學。依教育部規定，報考EMBA有兩個門檻，大學學歷或是甲級證照，然而台灣烘焙業界最高就是乙級證照，我都不符合，儘管擁有世界麵包冠軍的資歷，在規則上仍未符合標準。

坦白說，想學習卻碰壁的確讓人覺得很氣餒，但這不是校方或教育部的錯，規定就是如此。但**我的個性是，想要完成的事一定想盡辦法做到，只要有一點點機會、一點點希望，我就會盡全力去爭取，絕不會因為機會很渺茫，就告訴自己這是不可能的事。**新加坡國立大學當時破例錄取我，爾後教育部甚至因為我的個案，修改國內「入學大學同等學力認定標準」的碩博士相關報考條件，針對未設有甲級技術士證類科，放寬為具乙級技術士證且從事相關工作經驗五年以上，即可報考碩士班，被媒體稱為是「吳寶春條款」。關於這一點，我深表感謝，也希望可以因為這樣的修正，讓更多有心再學習的專業人士可以擁有更多的機會。

當時，記者採訪時問我：「寶春師傅，你都已經拿到世界冠軍了，要EMBA的文憑有何意義？」我的回答是，高雄店開店隔年就刷新第一年的營業額，公司進入快速成長期，即將在台北開出第一家分店，海外分店的計畫也在醞釀中，要帶領團隊繼續開創新局，需要具備更多的經營管理知識，而我認識的許多朋友當中，不少人也是自己開公司當大老闆，他們告訴我，各大學開設的EMBA課程，就是專門讓經營者學習的地方，有一整套關於經營與管理的學習。所以，我的學習動機很簡單，就是想要找答案！

當然，新加坡國立大學也不是無條件錄取我，我必須先讀完司徒達賢老師

《策略管理》這本書，程序上先通過筆試，確定具備基本學習能力，然後學校派專人飛來台北對我進行口試。為了準備第一階段的筆試，我足足閉關一個月，準備過程，包括建議我去念新加坡ＥＭＢＡ的「原味」便當老闆鍾坤志等好友，也給了我許多助力，口試當天主考官劈頭就問：「你的公司有什麼發展前景？」還逐一提問面試前我提交的研究報告，足足面試了一整個下午才結束。走出考場時，我告訴自己，應該有超過五成機會可以錄取吧，就像每次參加麵包比賽一樣，準備的過程和結果都一樣重要，不管最後如何，我總是跨出第一步了，因為這是讀ＥＭＢＡ的唯一機會，必須好好珍惜。

其實，申請ＥＭＢＡ的同時，我也做了最壞的打算並想好下一步計畫，如果真的被拒絕就先去讀空中大學，讀完後再以同等學力去申請ＥＭＢＡ入學資格，學習的路程不管有多迂迴曲折，只要目標確立就一定要達成。這過程當中，特別要感謝陳菊女士以及管理學界大師吳靜吉教授，萬分感謝他們兩位願意幫我寫入學推薦信，新加坡國立大學到底是看上我哪一點決定錄取我，其實到今天我還不明白真正原因，第一天去報到時，心裡覺得好不真實，懷疑自己是不是真的可以完成學業？

在EMBA學習的三年間，每三個月去新加坡十五天，一週在校學習，共有財務、法務和團隊績效管理等十二門課要修完；另一週則是赴海外做見學參訪，校方很重視企業參訪這部分，先後走訪日本、韓國、澳洲及台灣等地，觀察不同產業領域的標竿型企業，包括日本黑貓宅急便總公司大和運輸以及現代汽車工廠流程管理，在澳洲看動物園與博物館的營運，台灣則是參訪故宮做的清明上河圖動畫多媒體創新，多元化的學習旅行讓我眼界大開，視野也提升許多。

特別是在校密集學習的那一週，每天一早八點半就到校上課，經常得晚上八、九點才能回宿舍休息，非常精實。每三個月要出發去新加坡上課前，我壓力都很大，內心忐忑不安。再者，校方會先寄來一堆書，**我從小就有過動傾向，拿著書本就會想睡，如何克服？我想到一個辦法，就是讓自己站著看書，逼自己不能睡覺，要做筆記才坐下來，常常一站就是二、三小時。**最難的是財務課，我不但特別在台灣先請朋友幫我惡補預習，上課全程錄音事後再聽，坐高鐵的空檔也不斷反覆聽，一次消化理解不了，就第二次、第三次……，直到完全融會貫通為止。

第一課：成本管理

大家可能很難想像，小學常常考「一百一十分」的我，剛開店的時候，會計同仁拿財務報表給我看，是完全看不懂，為了讀EMBA開始學看財務報表時，我連要從哪裡問起都搞不懂，不要說財務報表，就連固定成本、變動成本的基本概念都沒有。以前只會做麵包，二十歲時才算真正認識字，當時第一本看完的書是奇美實業創辦人許文龍先生的《觀念》，那本書影響我很深，看完後我告訴自己要成為企業家，但看不懂財務報表是要怎樣當企業家呢？

我在EMBA學到的第一課就是「成本管理」，很多麵包店老闆開店多年，其實都不是真正了解經營數字背後的意義。生意一變差反射動作就是做折扣促銷，不是推買一送一就是滿百送五〇等手法，折扣固然直接帶動銷售，只要店裡做促銷，生意一定特別好，師傅們也特別忙，可是營業額雖然增加，實際的獲利可能沒有增加多少。而且很明顯的是，只要促銷期過後，生意一定直線滑落。顧客心態也容易了解，又不是什麼非吃不可的麵包，等打折再來買就好了，最後形成惡性循環，沒賺到錢，也沒得到顧客的認同。

這個情況在我當師傅時，心裡就留下很深的印象，但當時只隱約感覺到，光靠低價並不能保證生意做得起來，說不上能有什麼解決辦法，後來做管理職，這些問題還是時常在心裡圍繞，不太知道什麼做法是對的，什麼是不對的，只能在不斷嘗試中摸索。比方說，不符合標準的麵包就得列為損耗整批打掉，但每天出爐麵包數量越多，打掉的數量也就越多，如果沒有做好控管，生意再好最後也可能會倒掉。

很長一段時間，我對於財務概念是一知半解，總以為這一個環節非常專業，不是麵包師傅能懂的，對於財務知識的渴求，是到了自己創業，覺得不學不行，於是決定去念ＥＭＢＡ之前，找了老師和家教，從初級會計、統計教起，才逐漸會看損益表、資產負債表以及現金流量表，這三大財務報表上的阿拉伯數字。讀完ＥＭＢＡ之後，我更加了解到財務架構對於一家企業的重要性，企業老闆可以請專家來執行財務面的操作，可是老闆自己不可以在財務面的知識一片空白，因為，如果不懂財務，就不能真正做得到成本管控，對於事業經營也無法有脈絡地進行系統性思考。

我重新思考「成本」這件事。顧客想要買高品質、低售價的產品，但企業卻不可能只提升品質不賺錢，於是，如何降低各項成本提供超出顧客期待的產品，就成為經營者不得不面對的問題了。依書本上的理論，成本概分為「固定成本」和「變動成本」兩種，經營麵包店最主要的兩大成本支出，分別是人事成本和原物料成本，其中人事成本是固定的，而原物料成本則是變動成本，賣越多麵包就要用掉越多的麵粉和相關配料，隨門市銷售量變化而增減。然而，理論和實務總有落差，實際經營過程，固定成本也可能因為法規或局勢改變而出現變動。

第二課：策略思考

二〇一六年底，政府為落實勞工週休二日施行「一例一休」，個人相當贊同這個政策，因為唯有讓同仁有充足休息時間，他們才有精力面對工作上的新挑戰，也有更多自我學習的空間。但對付出薪資的老闆來說，從現實面考量，當員工的人事費用增加，就等於公司固定成本會增加六%以上，很多中小企業經營者因而面臨裁員或調漲產品售價的壓力。但我則認為，這時要做的是控制成本而不是砍成本，控制成本是指，思考如何做到不浪費？怎麼做可以讓大家的工作發揮最大價值？因為若是採取緊縮的做法，比方使用次一級的原料或苛扣員工的薪資，這些都不是正面手段，最後也會產生不好的副作用。這時候要解決經營上的難題，就必須從經營策略下手，以整體市場的趨勢去判斷和推估，因應社會型態做出調整經營方式的變革。

也就是說，當市場發生異變，經營策略也必須跟著改變，總是以不變應萬變就只能坐以待斃，但**在改變的過程當中，從生產、行銷到人力資源調度，牽**

一髮動全身，什麼該變、什麼又不該變，且又不能減損品牌原本的核心價值，需要經營者具備全盤的策略思考能力。這是我在 EMBA 學到的第二課。

以吳寶春麪店的產品組合來說，門市販售的手工麵包是主力商品，很大一部分的師傅人力也投入在手工麵包的製作，但一例一休實施人事成本大增，連帶使得手工麵包的成本也增加不少。在產品售價不進行大幅調漲，手工麵包產量和品項又絕對不能夠減少的前提下，策略面我們就必須思考，能開發出什麼樣的新產品是可以用機器配合量產的？而且這樣的品項仍具備和手工麵包一樣的附加價值，不只顧客樂意繼續購買我們的麵包，也滿足更多消費者的期待，讓整體營業額得以提升，這樣一來，就可以去平衡掉因為成本變動而造成的獲利減損。

於是，除了原本的鳳梨酥之外，我們進一步開發鳳凰酥和翡翠香檸和菓子等伴手禮系列產品，這類產品製程可以配合機器量產，也特別適合做線上購買宅配給消費者，搭配整體伴手禮的行銷策略，使營業額不斷提高，逐漸成為手工麵包之外，另一條重要的主力產品線。

除了開發新品項，另外就是回過頭來控管損耗。雖然說平常店裡若有賣不完的麵包會捐給食物銀行，不會造成實質的浪費，可是這樣一來成本就會增加，因此對於每天銷售品項和數量的控管，門市人員就必須設定不同時段的存貨警戒值，建立起更精準的數據管理能力，主管考核就不是只看營收數字，也要看損耗率。

經過一連串有系統的學習，我終於逐漸看得懂這些財務報表，也知道那些藏在數字背後所代表的意義，越來越清楚包含預算、成本和人員獎勵等等，不同會計項目之間的連動關係，也明白導入ＥＲＰ企業資源規畫系統的重要性。因此，當後來再開台中門市和台北旗艦店等據點時，我便可以透過看每日的營業報表，和據點主管進行溝通，做遠距管理。

第三課：提問決策能力

在「吳寶春麥方店」，每一家門市都有主廚兼店經理看管，雖然他們在權責範圍內打理分店事務，但我養成習慣，還是會親自了解每一家分店的實際運作，而不是只看報表上的數字。

這是花錢學過教訓。我自認沒讀很多書，只懂做麵包，所以非常相信專業，認為學術有專攻，各司其職。公司成立的初期，我一股腦的把自己不懂的事全交給專職人員負責，我認為「授權」是尊重，自己也不用花時間處理不熟悉的事。這點其實沒有錯，錯在我麻木接受單向資訊，沒有深入思考各面的向問題。直到問題發生時，完全摸不著頭緒，連該問什麼問題都不知道，更別說要做決策。

當時有兩個部門主管跑來找我，說公司須要引進ＰＯＳ系統運作，我分別聽他們報告，感覺都很有道理，於是就讓他們各自去處理了。沒想到，他們竟然採購了兩套不相容的系統，而且等到部門要整合運作時才發現，最後只好重新採購相容的系統，才解決問題。

從這件事以後，我痛定思痛，很大的原因在於我沒有善盡職責，不理解的情況下就做決定。兩位主管報告的時候，我根本不知道他們說的系統是什麼，也沒有多問，直接就讓他們採購了。

還記得EMBA老師在一次分組討論上問的問題，他問全班說，以前有一家汽車公司，他們瀕臨破產邊緣，公司經營不下去了，所以想放手一搏，讓公司剛研發出來的汽車參加F1比賽，如果贏了比賽就有獎金與名聲能夠拯救公司。但是公司內部也有人反對，因為這部汽車性能不穩定，行駛二十次有四次會出現問題，可能導致車毀人亡，公司將付出更大代價。教授讓大家討論，如果你是這家公司的老闆或高階主管，你會不會參賽？

才剛問完，大家就激烈討論，有人說他不參賽，會靠其他方式將公司振作起來；有人堅決參賽，理由是賽車二十次才出現四次故障，成功機率其實很高，可以放手一搏。大家踴躍回覆，急著問老師結局呢。老師才說，這公司最後輸了比賽，因為車子故障了，車毀人亡，公司也破產了。

大家靜默一會兒，老師接著說，你們剛剛應該進一步問我問題，像是汽車故障的原因是什麼，再做判斷，如果你們問了，也許大家的答案會不一樣。其實那部汽車只要行駛在氣溫低於華氏五十三度以下，就會故障。身為經營者、管理者，知道這些資訊很重要，如果比賽當天氣象預測會低於五十三度，你還會決定參賽嗎？

問問題很重要，不知道問題出在哪裡就下判斷，風險太大。經營公司也相同，自從角色轉變後，我更加明白，每一項策略的施行、做決定之前都必須要妥善設想，多方、跨團隊思考與計畫，執行時才可以解決根本問題。

第四課：團隊合作

以我這樣的學歷基礎要念完ＥＭＢＡ，過程雖然非常辛苦，但我從來沒有想放棄過，當時研究的主題《麵包物語：使用者脈絡的麵包創新》，不斷地在自身領域的認知裡，透過經營管理學習的相互激盪中，自我整理與探索，**反覆前進**

與後退，我總是告訴自己，退了一步，就有機會往前兩步，很辛苦，但是這也是學習與轉變的真正意義。

回想起來，這三年當中最過癮的是和同學做小組討論，大家來自不同行業和專業背景，對同一件事有完全不同的看法。舉例來說，到日本參訪大和運輸公司時，對於宅急便業務在日本可以這麼成功，但為什麼到大陸市場就行不通，相互討論後便有不同面向的觀點。**第一次被這樣火花四射的討論所震撼，印象非常深刻，是過去完全沒有的經驗，讓我深刻感受到團隊所能創造的力量，遠遠超出個人，在團隊裡頭每一個人都是我的老師。**這影響我回到公司之後帶領團隊的風格，從以前老闆一個人說了算的模式，改變為站在引導者的角色，帶著大家一起討論後再做出決策。

聽起來很不可思議吧！從小在學校拿到書就想睡覺，老師總是拿著棍子逼我讀書，偏偏我怎麼打也不怕，說不讀就是不讀，寧願四處去玩也不寫功課，國中時念放牛班，二十歲之前只認得「你」、「我」等簡單國字幾乎是個文盲。想不到出社會當了學徒以後，反而是我自己開始決定學習，從此之後我再沒有一天停止學習過，特別是踏上ＥＭＢＡ的這趟學習旅程，更讓我明白學習的真正意義，只要想學，沒有學不會的，學習是一輩子的事，我不會輕易的停下腳步。

就好像很多人會問我：「寶春，你連世界冠軍都拿到了，那下一步呢？還有什麼是你想追求的？」我都會這樣回答，**冠軍，是一時的；學習，才是永遠的！**拿下世界冠軍獎盃那一刻，當時內心的所有激動，和眼中所見的每一個畫面始終不曾淡忘，但我很清楚人生並不會一直停留在上台領獎的那一刻，不會讓自己的腳步就此停頓下來，在這一步邁開之後，下一步也要準備跟上。

二〇一六年七月十三日，我正式取得新加坡國立大學亞太ＥＭＢＡ碩士學位，畢業典禮那天，我特別在碩士服裡面穿上一件麵包師傅衣服，以「麵包師傅」身分上台領取學位證書（第4頁圖7）。因為，要做出更有內涵的麵包，是我想去念書的初衷，當畢業證書拿到手裡的那一刻，我把證書向著天空告訴天上的媽媽：這次我真的考一百分了！

5

發「荔枝卡」圓夥伴的夢

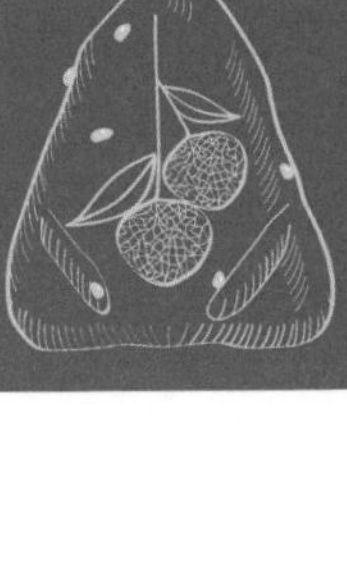

自二〇一〇年底開幕以來，「吳寶春麥方店」得到許多顧客的支持，我內心很清楚，很多顧客上門是看在「世界冠軍」的光環，而一試成主顧願意一來再來的，無非是認同產品和服務能維持在一定的品質。也就是說，不管是來嘗鮮或是店裡熟客，對我們的期望都非常高，可能比多數的麵包店還要高，大家都用極高標準檢視我們這家麵包店，因此，把關品質做到滴水不漏，不只是我一個人的事，更是兩百多位同仁要一起完成的目標。

我很認同鼎泰豐董事長楊紀華先生提出，「品質是生命，品牌是責任」這樣的經營理念，我要求店裡所有賣給客人的麵包，都要做到一百二十分標準才能上架，達不到標準的只能打掉重做。因為有句話說「取法乎上僅得其中、取法乎中僅得其下」，意思是一開始制定高目標，最後可能只做到中等水準，而如果只設定中等目標，結果通常落在低等水準。我抓住這句話的精神，決定做任何事，目標都必須訂得比預想的再高一點。

開一家麵包店也是如此，只有不斷提高對自己的要求和標準值，透過團隊呈現出來的結果，才能滿足大家對我們的期望值。

全體認同的品質才能落實

為追求產品品質穩定，我要求做到標準化，也就是每次出爐和送達門市的麵包，不管是外觀或口感，都必須讓顧客覺得一模一樣。在我們店內，實際做法是，每當要推出一款新商品時，師傅和門市主管先一起在會議上集思廣益，所有人都可以表達自己的想法，然後選出一個大家都同意的造型並且製作，然後，再把這個麵包拍攝下來，用照片做為品管檢核的標準，之後不同分店出爐的同一款麵包，不管大小、形狀或成色，都必須跟這個範本一致，達不到標準品管人員就要淘汰掉。

但這樣只能做到表面上的一致，**對於品質的真正要求，不是做給別人看的，而是要內化到自己心裡，即使客人看不到的地方，也要堅持做到最好。**

曾經看過一部日劇《天皇御廚》，這部劇是敘述大正昭和年間，擔任皇室宮內省廚司長的秋山德藏，為學習料理從打雜開始努力學習，靠著驚人的天分與意志力，從小學徒到隻身前往法國學正統法國菜，最終成為獨當一面大廚師的傳奇故事。這個料理人養成的故事當中，有一段是描述學徒要從最基本的洗鍋備菜做起，法國菜更是得從削馬鈴薯刀工開始練起，不但要練到只用一把小水果刀，就能把馬鈴薯切成表面光滑的橄欖球狀，廚師還私下比賽誰能把馬鈴薯削到最圓，且在桌上能滾得最遠。

除了削馬鈴薯，學徒基本功還包括學習清洗廚房裡頭的各種鍋具，劇中有一段提到，秋山德藏剛進廚房當學徒時，前一晚才洗完廚房裡所有的油膩鍋具，但隔天一早廚房作業前，主廚又要求他再把鍋具洗過一遍。秋山德藏不明究裡以為是在捉弄新人，後來才明白，鍋子前一晚洗過不代表隔天還是乾淨的，有可能半夜被蟑螂爬過或染上灰塵。我看了深有同感，因為這說的正是料理人高標準的自我要求。

在吳寶春麵店，我對生產部門的要求比照米其林星級餐廳標準，要求師傅每天下班前至少要花兩小時打掃廚房，人員離開時廚房不能容許有任何一點麵粉屑，截油槽也是，必須把殘留在溝槽裡的油渣一匙一匙撈乾淨，撈到只有清水不見任何油渣。一旦定下規矩以後，所有的人都要遵守，包括我。有一回，我為了出版食譜書須借用廚房拍攝示意照片，因為白天廚房忙生產，只能等到營業結束之後才能進行，那一天，我先跟大家一起進行閉店前清潔工作，直到同仁都下班了，我才請出版社的人員過來拍攝，拍攝作業結束後雖已接近凌晨，但我還是重新把廚房清潔過一遍才離開。

很多廚師剛到我們店裡，對於得花費這麼多時間做清潔很不以為然，表示之前待過的麵包店都沒人這樣做，一聽到新人這麼說，公司主管就會蹲到地上親自示範，把截油槽撈到乾淨清澈給他看。雖然就人力資源的效率來說，這個工作若外包給清潔公司，師傅省下的時間能做更多麵包，創造更高產值，但我很堅持必須師傅自己做，因為這是磨練心性的必要日課，不能有妥協的餘地。

有麵包店同業知道我是這樣要求年輕師傅的，都覺得不可思議，他們普遍的經驗是，現在年輕人很難像以前的學徒，被嚴格要求，有些新人來上班沒幾天就無故曠職，然後過了幾天才發簡訊通知老闆要離職。但從我和店內這群平均年齡不到三十歲的師傅長期相處下來，我的觀察是，時下年輕人並非草莓族，只要願意相信他，給予他實現創意的可能，挫折時不忘扶他一把，年輕人其實很願意接受磨練。

受迪士尼創辦人啟發，發送荔枝卡

我一直認為，老闆和員工，並不是站在對立面，而是應該互助共好，任何管理都應從人性的角度出發，不是強硬規定或是嚴厲懲罰就能獲得良好成效，若能從陪伴的立場去做，反而更能夠得到員工的認同和理解。這也是過去在很多不同麵包店裡當學徒或主管，所體會出來的心得，我發現，勞資雙方一旦開始勾心鬥角，企業的發展就會受挫，甚至走向敗亡。

話雖如此，在自己剛創業開麵包店的頭幾年，有空到店裡走走時，因為擔心沒做好品質控管，總是帶著突擊檢查的心態，想揪出同仁沒做好的缺點，但**後來改變心態，到店裡巡視目的不在於檢查，而在於關心**，我想知道每個同仁在他們的工作環境是怎麼做事的，期盼看到他們能帶著熱情投入這份事業，而不僅僅是一份賺錢的工作。

因此，現在我到門市時，隨身都會攜帶「荔枝卡」四處走動（第4頁圖8）。和名片一樣大小的荔枝卡，正面圖案是我二〇一〇年世界麵包大師賽的冠軍作品荔枝玫瑰麵包，背後則寫著「相信自己，永不放棄」八個字。取名荔枝卡，就是立志卡「立定志向」的意思，是吳寶春麥方店內專用的激勵小卡片，只要我覺得哪一個同仁有好的表現、積極投入任務，或對客戶親切有溫度，就會給他一張荔枝卡。

每個月得到荔枝卡的同仁，我會在月會上為他們準備一份專屬的小禮物。這份禮物不貴重但裡面有我的用心。一開始是送大家我這陣子讀的好書，但拿到書的同事似乎沒有特別開心的反應，於是後來改送在國外出差或逛街時挑選的小禮物，像是迪士尼熱門公仔或法國鑄鐵鍋。平時我不喜歡逛街，可是為了挑禮物，常常花好幾個小時仔細挑選，也因此更了解當下年輕人在流行什麼，雖然每份小禮物價錢不高，但我要求一定要做到令他們驚喜、感動，這是設計荔枝卡的目的，因為只有同仁感受到我的真誠和關心，才會把這份用心傳遞到顧客手上，也是最有效的激勵。

帶領團隊的心態，從嚴格監督到轉變為關心陪伴，是因為聽到了迪士尼創辦人華特迪士尼（Walter Elias Disney）的一則故事。

有一天，一位小男孩問華特先生，你畫米老鼠嗎？華特回答他，不，不是我。小男孩又問，那你負責卡通裏頭所有的笑話和點子嗎？沒有，我不做這些事，華特這樣回答。最後，小男孩繼續追問，那你到底都做哪些事情啊？只見華特先生笑了笑回答說：「有時我把自己當成一隻小蜜蜂，從片廠一角飛到另一角，收集花粉給每個人打打氣。我猜，這就是我的工作吧。」

從華特先生的回答，可以感受到一個企業就像一座花園，扮演靈魂人物的團隊領導人，最重要任務應該就是四處幫大家打氣，提振團隊精神。借用這個故事的靈感，我才會想到發送荔枝卡，並重新定位我在團隊裡頭的角色。

實驗荔枝卡的激勵效果，幾年下來成效越來越好，我深切體會到先付出者的快樂，也從員工驚喜的笑容裡，明白自己做了正確的選擇。於是，除了一般的荔枝卡，後來我還提供年度荔枝卡，加碼給熱情追求自我目標的同仁一份大禮。

設計年度荔枝卡的原因是，我是出身學徒的麵包師傅，很能體會年輕學徒面對未來茫然的心情。所以，後來在帶人和經營公司的時候，我一向非常鼓勵年輕人要心存夢想，相信與其給予金錢獎勵，不如提供年輕夥伴更多學習機會，積極去實現自己的夢想，最好還能夠走出去，看看世界打開自己的眼界。

我永遠忘不了，三十歲那年第一次出國，和幾個烘焙師傅結伴到日本自助旅行，發現原來正統的法國麵包，不但和自己做的天差地別，吃了還會回甘，才明白原來好吃的麵包，能帶給人們如此感動和驚喜。因為視野提升，讓當年的我不斷立下新的學習目標，最終許下挑戰世界冠軍大願。

連續好幾年的公司尾牙上，都有優秀同仁獲頒大荔枝卡，獎勵內容從到北歐冰島看極光到新婚蜜月旅行都有，我通常不給現金而是送出圓夢的支票，有人問我，給員工這麼多真的有用嗎？其實我的出發點並不是要他們回饋些什麼，而是希望同仁能夠感受到我一直在關心他們的心意。我經常想起，自己以前在小型麵包店，過年尾牙老闆都會安排大家吃一頓好料，還曾經抽獎抽到六罐易開罐咖啡的尾牙獎品，一年來的辛苦付出竟然是這麼廉價的回報，當時我就在心裡告訴自己，以後有一天如果當老闆，尾牙絕對要提供能讓員工感到驚喜的禮物。

有一個例子是一位門市同仁，她在公司待了很長的時間，主管對她的服務表現一直有意見，也曾被顧客投訴過，工作情緒一度相當低落，上班時常偷偷哭泣。有一次，我收到她寫給我的一封信，她問我：「人應該要有夢想嗎？」才知道原來她一直存錢想去環遊世界，可是，心裡也一直在猶豫，因為就算好不容易存夠了錢，可是真的要這樣放棄一切圓夢去，然後回來時一無所有嗎？

她不知道該如何做選擇？

我對她說，人當然要有夢想，也鼓勵她去思考，可以更積極做準備，把大目標分割成一個一個小目標，在自己許可的範圍內，逐步去完成。後來她調整自己的工作態度，也當上公司的組長。有一天，她來找我請假，說想請假一個月去歐洲自助旅行，於是，我送給了她一張大荔枝卡，支持她這一趟旅程的旅費和食宿贊助，幫助她跨出實現圓夢的第一步。

另一個例子，是高雄店的一位師傅，他在店裡有「師奶殺手」的稱號，這個外號的由來，除了他做麵包的技術很好之外，對待客人的態度更是沒話說，很多顧客都被他的魅力吸引成為店裡忠實粉絲。不過，我對他一直有一種恨鐵不成鋼的感受，他跟我十幾年了，一直想提拔他成為公司的副主廚，但是他好像一直沒有明顯進步，我相信他是有能力的，只是一直沒看到突出表現。

想不到，公司進行組織變革後，原本只須在廚房裡埋頭做麵包的主廚，也需要走到門市裡，開始和客人互動介紹產品，他所展現出來的熱情，獲得顧客高度認同，也因為找到自己的舞台變得更自信和成熟。我知道他結婚時原本計畫好的蜜月旅行，因為當時忙著幫公司開店取消，心中一直有個遺憾，於是我送給他的大荔枝卡禮物，是兩張日本來回機票、五天飯店住宿，外加迪士尼樂園門票與一頓燭光晚餐，讓他可以補償未能帶著妻子完成的蜜月旅行，另一方面也可以藉這趟旅行，進一步思考自己未來工作的規畫。

讚美與反省

在公司想得到年度大荔枝卡還有一種方式，就是一整年下來，開早會時得到最多讚美的人（第4頁圖9）。「讚美與反省」是每一家吳寶春麪店每天開店前的例行活動，店裡不管是師傅或是門市人員，早會結束前都要反省自己一件事，然後要讚美一位夥伴，並舉出對方值得被讚美的具體事蹟，每個月每家店讚美別人最多的員工，可以獲得兩張免費電影票。

為什麼要鼓勵讚美呢？這是因為有一次，我向公益平台文化基金會董事長嚴長壽先生請益，他對我說「應該要建立懂得讚美與反省的企業文化」，這個理念我聽了非常認同，人與人之間相處，難免會有些小磨擦，多說讚美的話有助消滅人際之間的芥蒂之外，一個人如果能練習放大別人優點真誠看待自己，更可以建立正面思考的習慣。

於是，在一次早會討論過後，我們決定要在公司裡實行禮貌運動，每一位同仁每天到公司都要互道早安、打招呼，臉上還要帶著微笑。初期雖然大家覺得不習慣、很彆扭，可是漸漸地，公司的氣氛改變了，同仁之間互動變熱絡，部門之間運作更順暢。後來，早會時間延長到半個小時，是因為增加「讚美與反省」的新活動，剛開始時大家都覺得很尷尬，有同仁私下抱怨：「唉呀，不知道要說什麼啦？」、「為了讚美而讚美，根本沒有意義呀！」還有離職員工在我電子信箱留言，指同仁之間這樣為讚美而讚美很無聊。

可是，一個月以後，大家開始發現，越常練習讚美就越懂得如何真心讚美；兩個月之後，很多同仁為了準備讚美的話，開始注意到團隊其他夥伴的工作內容並主動協助，這都是讚美力量帶來的轉變，人總是見賢思齊，當能夠自然而然去欣賞別人的優點，並能明確地指出來時，無形當中自己言行也會往好的那一方靠去，大家都這樣做就會建立起組織共同做事的方式，形成一家公司的企業文化。

做麵包這麼多年下來，我非常確定，麵糰是有生命，需要對的人，用對的溫度善待，**沒有好的團隊是做不出好吃的麵包，絕對不是只靠制定SOP（標準作業程序），就能做出品質穩定的高水準麵包，唯有靠良好的企業文化，才能品管出好的人才團隊，持續製作出高品質的麵包。**

6

經營「吳寶春」個人品牌

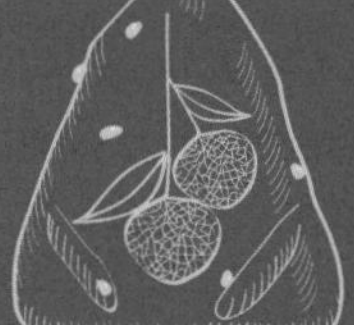

抱回世界麵包大師賽冠軍獎盃之後，隨著各界對我的關注增加，得到許多對外曝光的機會，不論是接受媒體採訪、到學校企業演講或擔任各種活動的來賓等，都讓我的生活起了很大變化，頗能體會古代科舉制度考取狀元的書生，那種「十年寒窗無人問，一舉成名天下知」的心情。

特別是那時描述我個人成長故事的新書《柔軟成就不凡》剛出版，還有知名導演林正盛將我參加世界麵包大賽歷程，拍攝成《世界第一麥方》這部院線片電影，都讓我頓時從一個默默無聞麵包師傅，變成經常上報章媒體的新聞人物。很多人雖然沒吃過我做的麵包，卻都已經聽過「吳寶春」這個名字，也知道「吳寶春」靠學做麵包拿到世界冠軍改變自己的人生，有人當面稱讚我是「台灣之光」，心裡覺得實在承擔不起這個稱號，不過，若因我比賽好成績，有機會提升麵包師傅的社會地位，也是一件值得開心的事。

邀約不斷手足無措

出身貧戶的奮鬥故事被廣為報導，算是完成對媽媽的承諾，也實現我自己出人頭地的夢想。可是，我漸漸察覺到有些事情變得不一樣了，因為不管走到哪裡，常常都有人會認出我來，他們有些會大方過來跟我打招呼，或希望可以和我一起合照，有些則是在我背後指指點點，對於原本就不習慣站到人群面前的我來說，面對這樣情況，接觸的又幾乎全是陌生人，常常讓我手足無措，不知該怎麼應對才適切。

最棘手的是，找我到不同單位演講的邀約從四面八方湧來，我本來就是一個不善於拒絕的人，雖然希望有機會可以分享自己的經驗，可以和更多不同領域專業人士進行交流，但這些意料之外的事情卻變成我額外工作負擔。有一段時間，幾乎每天都會有我不認識的單位打電話給我，談各種邀約行程，我每天也都緊抓著手機留意，深怕漏接任何一通電話，身上隨時都帶兩顆電池，以免講到一半電話沒電，經常在全台各地到處奔波，早上台北下午台中，晚上才再回到高雄討論開店的計畫。我並不是明星，可是卻也好像不再是個普通人，那些源源不絕的關注目光，讓我開始覺得難以招架。

可是，我並不知道該怎麼妥善安排這些邀約和合作，有一位透過朋友介紹的台商說要用一千萬元新台幣，買我「吳寶春」這三個字在大陸地區的使用權，更有一次活動邀請，我到了現場才知道原來是賣房子的工地秀……。要處理的事情越來越多，一個人經常分身乏術，有時因為實在抽不出時間而拒絕別人盛情邀約，回應對方時又不夠週到，各種批評聲音就開始冒出來了。我知道一個人沒辦法繼續應付下去，超出能力範圍的事必須尋求專業協助，於是決定找經紀公司協助把關對外活動邀約，接手經營「吳寶春」個人品牌，這樣我才能做好時間分配，回到麵包師傅角色專心計畫創業開店的事。

其實，對於是否該和經紀公司簽約，當時我整整考慮了一個月，幾乎身邊所有朋友都反對簽經紀約，一來從沒聽過麵包師傅還需要經紀人的，擔心我會被賣掉；另外，他們也擔心我被藝人化，不再是原來的吳寶春。我一度心理很矛盾，但後來還是決定需要經紀人從旁協助，原因很簡單，**當我還沒學會判斷各種邀約或合作，到底是機會還是陷阱的時候，我只能求助並信任專業**。不只是經紀公關，借重各領域的專業協助，也是我這一路走來，不管是做麵包或參加比賽，乃至於後來創業開店，能不斷自我超越突破瓶頸，很關鍵的一股力量。

再舉例來說，不管是品牌或個人，在談任何大小合作時，雙方都要建立基本的合約關係，這樣一來公司就需要聘請法律顧問，這也是要長遠經營事業得借助的必要專業角色。尤其是「吳寶春麥方店」後來也前往上海、新加坡等城市開店，和海外合作方不管是品牌授權或相關合作事項，如開店前對方師傅來台培訓等，雙方也都需要簽訂跨國合約保障彼此權利義務。

印象很深刻的是，有一次前往總部設在美國加州洛杉磯的熊貓餐飲集團（Panda Express）參訪，那是一家在全美五十個州，擁有超過兩千間門市的中式快餐連鎖餐廳，因為該集團在全美五十州都有開店，美國是聯邦制國家，每個州的法律都不同，因此熊貓餐飲光是律師法務人員就多達四、五十人，讓我非常驚訝。其實，包括公關、法務或財務等專業角色，都是一家企業經營的基本配套，但卻是我過去在傳統麵包店當師傅時，不曾想過和理解的。以前常見到麵包師傅說好一起做生意，一開始不好意思談到錢也不打合約，怕傷了彼此的感情，然而義氣相挺最後下場往往是，不管賺錢或賠錢，一旦產生糾紛時就怪罪彼此，甚至反目成仇把話傳得很難聽。其實只要一開始找專業人士幫忙，在合約上說清楚彼此的權利義務，拿捏好朋友之間分際，這些問題其實都是可以避免的。

專業協助做好個人品牌定位

直到今天，台灣的職人經紀產業仍然不發達，很多人還是以為簽經紀約就是要當明星，但回頭看，**我很慶幸當初決定和經紀公司合作，提早做好「吳寶春」個人品牌的定位和管理**。在我之後陸續有好幾位優秀的師傅也贏得世界麵包冠軍，世界冠軍的光環並非只有我獨有，況且再了不起的光環，等新聞熱潮一過很快就被大家淡忘了，必須靠專業經紀團隊一路陪伴，持續累積個人品牌的影響力，得獎光環才不致於曇花一現。

我後來知道，很多冠軍師傅因為缺乏經紀人專業把關，又不熟悉商業合作的潛規則和合約的重要性，面對各式各樣合作邀約經常吃很多悶虧。例如在和大型通路談合作時，不好意思開口爭取自己應有的權益，原本只答應開發一、兩款品項，最後商品上架時才猛然發現，自己人頭照竟然還和其他十幾個不相干的商品掛在一起宣傳；或者原本是一片熱忱無償支持公益活動，到頭來卻是被主辦單位利用作為商業宣傳，最後不但沒有拿到該得的利潤，甚至連得來不易的名聲都受到傷害，實在很令人惋惜。

有經紀公司專業協助，不但幫我把關該出席哪些重要活動，評估各種品牌代言邀請的合作效益，以及確認相關文宣露出內容，甚至印刷質感之外，更扮演我和外界溝通橋樑，也協助打理我在不同場合的個人形象，包括什麼場合該穿廚師服出場，以及上台或面對媒體前，該先做足的各種口語和肢體表達演練。

一方面讓我覺得很放心很有安全感，另一方面，也是不斷累積「吳寶春」在公眾面前的專業形象，才不會像之前參加活動時，連拍照時廚師帽戴歪歪的，都沒有察覺到給人不專業印象。

此外，經紀公司還會安排各種課程，指導我在面對不同對象演講時，例如中學生、大學生或企業人士，該如何洞察對方想聽的是什麼？思考他們是為了什麼動機來聽我的演講？聽完演講，他們能帶什麼感動或啟發回去？並建議我演講時，儘量採取講故事或舉例方式，才容易引起聽眾興趣引發共鳴。由於講故事技巧在於對細節的描述，才能讓聽眾一邊聽演講時，腦海中的螢幕也同時出現畫面，因此有一陣子我還被經紀人要求，做看圖說故事的練習，透過對圖像當中細節的觀察和描述練習，讓自己的表達更精準和豐富。

對照我剛贏得世界冠軍回來時，到處演講卻不得要領，特別是受邀到學校演講遇到國中生，可能也因為講題比較嚴肅，聽講的學生比較不能吸收，也就難免說話聊天或是打瞌睡，講到後來越講越沒有動力，也覺得挫折。後來在經紀人協助和指導下，就知道對國中小學生，要多談自己小時候不愛讀書，在田裡抓泥鰍玩蝌蚪的故事，很快便和聽眾打成一片。經紀公司的陪伴和學習，讓我更知道聽眾要的是什麼，將打造個人品牌的原理原則，應用在後來開店建立企業品牌，也相通，更能掌握到不同顧客的差異需求，又賺到了一次自我提升的機會。

當然，和經紀人合作也歷經一段磨合的過程，一些朋友對於邀請我出席活動，還要先過經紀人這一關很不能認同，相當不諒解我的決定，批評我是不是患了大頭症，甚至跟經紀人有言語衝突。我夾在中間常常都很拉扯，因而許多業界朋友對我產生誤會，還傳出一些忘恩負義等的人身攻擊，很多說法並不是事實，聽在心裡當然也很不舒服。可是，我後來想清楚，既然找經紀公司是因為相信他們比較專業，那就一切聽從經紀人的建議吧，至於外界各種批評，那是我做的決定只能概括承受。況且，就算說破了嘴，不信的人還是不會信，那麼又為什麼要費力氣去辯解呢？

好比我早年在大型麵包公司擔任主管，被迫要裁掉那幾位夥伴的事。她們說，我選擇裁掉她們而不是裁另外一組人，是因為我收受另一組人的賄賂，常常吃他們送的東西，導致我對大家產生差別待遇。這話說得真是冤枉，那些食物是他們拿來分享給大家吃的，我不是特例。至於裁員，也是遵從公司指令，心裡萬般不願，仍然是職責所在，我實在有苦難言。

那一次的經驗，讓我明白一件事，一句不真實的謠言，流傳到最後可以造成多麼大的傷害，也才逐漸理解，為何從小媽媽總常告誡我，只須管好自己不要跟人家計較，因為很多事你就算不去跟別人計較，別人卻還反過來與你計較，防不勝防怎麼辯解也沒有用，信者恆信、不信者恆不信，只能相信「謠言止於智者」，堅定自己信念去面對任何的考驗。

還有一次是二〇〇六年，正式組團挑戰世界盃麵包大賽，當時要先通過台灣區選拔賽，獲勝隊伍才能代表台灣參加在廣州舉辦的亞洲區複賽。台灣區選拔賽初賽在穀研所舉行，共有二十七隊參賽，選出其中的十八隊，要在之後的台北國際食品展上進行複賽和決賽，最終才會選出台灣代表隊。初賽時，我和曹志雄、文世成三位師傅組成的團隊拿下第二名，並一路繼續過關斬將最後在決賽中勝出，取得了代表台灣出國比賽的資格。

誰知道，複賽才結束，流言就開始傳出來了。有其他參賽者不服氣比賽結果，信誓旦旦說我們這組技術分數明明不是最高，卻奪得選拔賽的冠軍，一定是早就內定好，靠關係走後門。這當然是謠言，但卻越傳越難聽，甚至連我熟識的朋友都相信，還一起加入謠言的散布行列。一開始我們整個團隊都很生氣，明明是不眠不休努力練習換來的成果，為什麼會傳成這麼難聽呢？為此我還跑去質問散布謠言的參賽者，卻發現謠言傳得更凶，越是解釋，別人越覺得我們在掩飾，風波始終沒有平息下來。

面對這樣流言攻擊，即使心裡很難受，但還是得打起精神來，繼續準備。隔年五月在廣州舉行的亞洲區選拔賽，贏得下一場比賽勝過千言萬語的自我辯解。我決定不讓負面流言影響自己的心情，因為被負能量牽著走只會浪費力氣，況且，如果我因為介意別人的話，在比賽裡落敗，那麼別人攻擊我的那些說法不就成真了嗎？

不過，在那些惡意批評裡，撇除情緒性攻擊的內容，我們倒是聽進去了一些意見，比方說人家批評我們技術不夠，其實我們自己也檢討過，確實因為被現場壓力干擾，沒有完全發揮出平時練習的技術，這表示我們練習次數還不夠，若想贏得下一場比賽，還要下更多功夫練習。

面對惡意的言語攻擊，經過不同事件的歷練，這幾年下來，我慢慢學會放下別人對「吳寶春」評價的執念。或許是麵包師傅這個行業，圈子很小工作量大，對未來又充滿不確定感，需要為疲累的情緒找出口，大家似乎很喜歡批評，也經常抱怨老闆，但這樣對個人或對整體產業來說都是一股負能量，比起批評，反而讚美能帶來更多的好處。這也是為什麼在公司內，我不但不希望同事背後說別人壞話，還要求大家當著面說對方的好話，因而在各店早會上推行「讚美與反省」這項全員活動的原因。

至於我做得好不好，自己心裡清楚；有沒有做卑劣的事，自己也知道，特別成為公眾人物之後，面對流言，與其隨之起舞不如全部放下，專注在需要我以及該做的事情上就好了。只要不忘初心繼續往前，做對團隊好、對烘焙產業有幫助的事，時間終將會證明一切。

7

開店虧損的危機試煉

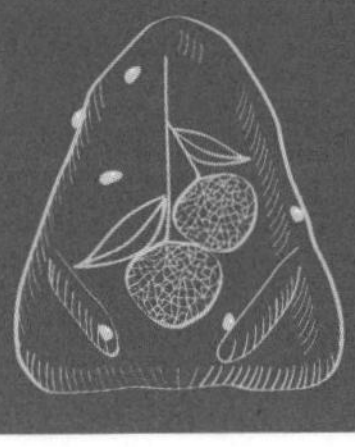

二〇二〇年初，全球爆發新型冠狀病毒肺炎（COVID-19）大規模傳染，一月二十三日武漢宣布封城引發大恐慌，農曆過年期間全台疫情同步拉警報，隨疫情蔓延確診人數逐日增加，民眾大量減少出門用餐以及前往百貨賣場購物，高鐵等長途運輸服務的運量也大幅銳減，直接衝擊我們設在百貨公司和高鐵站內的門市生意，不但營業額大幅滑落，**二〇二〇年二月，是我開店十年來，首度單月出現虧損紅字的一個月。**

現實中的EMBA經營課

面對突如其來的營運變化，對任何一個企業經營者來說，都是一個充滿考驗的危機試煉，很多過去在EMBA或企業管理書上看到的個案，活生生發生在眼前。對我而言，最直接要面對的，是如何在營收減半情況下，仍然可以正常發放全台「吳寶春麪店」兩百五十位同仁薪水，以及如期支付原物料供應商的票款。

解決財務問題，不外開源與節流，將保持充足現金流列為第一優先要務。

節流方面，疫情期間我們啟動幾項緊急應變方案。包括對外，派出同仁和房東與百貨商場談調降租金，人資部門掌握勞健保費緩繳等的政府相關紓困方案。對內部，則是不得不緊縮若干員工福利，包括生產線師傅的工作服原本是外包送洗，現在請大家下班後拿回家自己洗；一直以來每天提供同仁午餐或晚餐，與同仁溝通後也暫時取消，待度過難關後再逐步恢復各項福利；身為經營者的我本人暫停支薪，副總經理降薪五〇%，各店一級主管每月實施三天無薪假，等同降薪一〇%。至於其他同仁，不實施任何減薪措施。

開源方面，全力發揮品牌價值最大力量，開發任何可能的新商機，很多之前想做卻沒時間進行的計畫，重新檢視可行性，不能老是停留在評估階段，該下猛藥做促銷就大膽甩掉品牌包袱，商機稍縱即逝，有生意做就得趕快做，套一句台灣諺語說的：「等火車過了才吹哨子，早就撞上去了」。因此，在疫情期間，我們嘗試了和電視台美食節目合作，結合網路行銷推出不老吐司宅配禮盒，也首度搶攻母親節的蛋糕預購市場，並開始接觸咖啡連鎖品牌以及豪宅住戶團購等新通路，大幅調整業務模式，生產線麵包師傅也得跟著配合改變作業流程。

我相信，像是新冠肺炎這樣的經營危機，日後絕對還會再重演，危機每次總是以令人意想不到的方式，向每一個企業和品牌拋出考題，該如何面對不同經營危機的挑戰，不能光靠老闆英明帶領。經過ＥＭＢＡ的完整學習，我充分體會「三個臭皮匠勝過一個諸葛亮」的道理，一個事業能否持續成功，需要的並不是一、兩個厲害的明星，而是厲害的團隊實力，危機當下引導團隊共同思考，建立一個學習型組織，一起達成行動方案的共識，才能凝聚提升團隊戰力，危機才有可能變成轉機。

因此，上述的開源與節流方案，都是在二〇二〇年三月份時，各店主管回到總部召開的主管會議，共同激盪出來的可行辦法，而我則尊重並接受團隊的共識。

主管會議上，我請財務部門先跟大家報告現金流短缺的金額數目，人資主管則回報在什麼基礎條件上的應變，仍能保障同仁權益。接著我問大家，各單位覺得可以怎麼因應？有沒有其他替代方案？我要求每一位部門與會主管，人人都要發言，大家練習從不同角度和觀點拋出想法和解決辦法。我跟大家說，老闆沒有特別英明，和大家一樣都在學習如何面對這場疫情危機，在沒有達成集體共識之前誰都不能離開公司，原本傍晚五點應該結束的會議，那天延到晚上十點才散會，從早上十點到晚上十點，整整開了十二個小時。

大家都達成共識之後，我並沒有宣布散會，而是繼續追問大家，明天回到店內打算怎麼布達給每一位同仁？是否需要我配合？這樣問是因為擔心有些主管不擅溝通壞消息，要是沒有把決策的背景和緣由說清楚，勢必引發基層同仁的不必要反彈，犯了和我當年擔任大型麵包店主管，奉命裁員卻溝通失當引發諸多後遺症的相同錯誤。於是，有主管提議，如果把節流措施印成白紙黑字公告，貼在各店內的行政布告欄，可能會被拍照上傳到社群媒體引發不必要的誤會，希望我可以用錄製影音內容的方式，把決策傳送到每一位員工手機裡，之後再由各店主管接手，一個個進行當面溝通後並簽名回報。我說這樣沒問題，很快便擬妥向大家說明疫情因應措施說帖，親自說明公司非得這樣做不可的理由，然後感謝大家全力配合，同時也尊重不想留下來接受這樣條件的夥伴。

值得慶幸的是，經過充分凝聚共識與完整的溝通，或許和平常提倡讚美和反省的組織文化有關，危機時刻同仁都能保有同理心，理解經營階層的苦衷，因此疫情期間並沒有同仁因為福利縮減而提出離職，很多夥伴還私下傳訊息給我，為我加油打氣，大家願意共體時艱，團隊的向心力和凝聚力還變得更強，讓我非常感動。

成為「領導者」，先學會當「引導者」

會從相信團隊的角度出發思考危機處理，是因為從麵包師傅變成企業經營者後，經常因為溝通不到位，讓朋友對我產生誤解，或讓同仁搞不清楚我下達的指令，除了領悟到人情世故很重要，也深切反省人際溝通是自己的一大罩門。對於溝通的專業學習，是在讀完ＥＭＢＡ，從企管大師司徒達賢老師那裡學到了「聽說讀想」的策略技巧，體會到這四個字和溝通成效之間的關係，**想要做好溝通，第一件事並不是急著去說，而是應該先仔細去聽**。

司徒達賢老師認為，管理者最重要的自我修練，就是「聽說讀想」四個字。「聽」指的是放下權威和成見，聽進並理解各方觀點；「說」是完整並有邏輯地論述自身觀點；「讀」得一輩子吸收新知識終身學習；最後是「想」，分析思考，培養獨立思考和批判性理解的能力。

司徒達賢老師把「聽」放在最前面，是因為在企業裡頭，領導人或主管每天都在與人溝通下達決策，卻很少有機會耐心聽取別人的意見，再者，同仁通常不好意思告訴主管「您沒講清楚」或「您聽錯了」，久而久之，就容易出現「地位越高，聽力越差」的現象。做為一個高明的聆聽者，必須能聽出對方發言的重點，以及背後的言外之意，再和自己的思考框架進行對照，了解彼此在觀點上的交集與歧異，還需要發揮高度同理心，進入對方的思想架構進行模擬思考，這樣進入雙向溝通階段時，才能有效執行相關的討論和決策。

搞清楚「聽說讀想」的順序之後，我更加明白傾聽的重要性，之後在公司內，當同仁提出問題時，我會先試著不馬上回答，而是先認真聽，聽每一個人怎麼說，聽不同部門的看法；遇到不同部門出現歧見時，也不會馬上採取表決的方式解決，透過會議上的討論過程，讓下對上的溝通順暢，再慢慢引導大家的意見聚焦，最後才會根據我的原則做出判斷和決策，避免一言堂的情況發生。

舉例來說，店內每一項新產品的開發和製作流程，或當麵包品質或製程發生問題時，我都會先問同仁，大家覺得怎麼做可以解決這個問題？讓大家動腦找出癥結點，再分別提出優化方案，師傅團隊透過實作逐步修正出最好的做法，經過這樣一再實驗和調整後，才會把ＳＯＰ給定下來，任何一位新來的師傅不論再資深，都要求他必須先學會並熟悉這套流程。這不是像過去當學徒時，事事都倚賴主廚下指令或給答案，卻不明白為什麼要這樣做，也不知該從何問起，導致無法全心服從師傅的要求，老是想靠小聰明改變製程。

實驗過幾次之後，我發現先求共識再執行，不管是工作效率或麵包品質，都比先前聽我一個人下命令的方式，要來得好上許多，**深刻體會到要成為一個「領導者」之前，必須先學會做一個好的「引導者」**。因此，當面臨新冠肺炎的危機考驗，我第一時間的做法並不是急著下達指令，而是先仔細聆聽不同部門的見解和解決方案。從開一家麵包店到組建上百人的經營團隊，這個過程我也逐漸體會到，當把自己在企業裡的角色，從單純的老闆和員工關係跳脫出來，企業就會變成一個生命體，會隨著更多人才的投入，引領企業開創出與眾不同的面貌，整個團隊就是一個生命共同體。

對於危機的體悟，二次世界大戰名將、前英國首相邱吉爾曾說過一句名言，很值得所有經營者細細體會。**他說：「不要浪費一場好危機！」逆境和危機不只是經營者的試煉，同時也是團隊共同成長的絕佳機會**。從另一個角度看待，激發團隊成長潛力，並肩努力打拚，一起面對企業經營的成敗，享受彼此扶持共同成長的過程，也是經營的樂趣所在。

創業第一個十年成績：五十九分

從二〇一〇年到二〇二〇年，**創業開店的第一個十年，如果要給自己打分數，我只給自己五十九分的不及格成績**，另外四十分沒有拿到，是因為自認就品牌經營的角度，並沒有帶給喜歡「吳寶春麥方店」顧客持續驚喜。如同做麵包前十年的學徒養成階段，在創業開店這條路上，到現在我仍只是個還沒有真正「出師」的學徒！

我最大的體會是，雖然走到哪裡大家都還是稱我世界冠軍麵包師傅，但在創業之前，除了做麵包之外我什麼都不會，更是一個開店的門外漢，從麵包師傅身分轉換為要照顧幾百個家庭的企業董事長，這個過程好像換了一間學校，因為需要學習的面向和知識，跟學做麵包完全不同，就像是又重新回到小學一年級，全部都得從頭學起，但我相信我一定學得來！

我始終相信「向宇宙下訂單」的吸引力法則，信念變成心念，能帶來的巨大正向力量。二〇一〇年初，我準備前往參加第一屆世界麵包大師賽，當時，正逢我的第一本新書出版，出版社為我舉辦了新書發表會。主持人讓我上台說話時，竟不知不覺就把心裡的願望說了出來。我對著台下滿滿的觀眾、親友宣告：「我一定會把冠軍拿回來。」不是「我想」，不是「我希望」，而是「我一定會」，這就是我的決心，也是我的信念。下台之後我回神過來，突然覺得有點緊張，畢竟話說出去了也收不回來了，不過，我一點也不想收回來，相反的，我告訴自己一定要堅持到底達成目標。

於是，我在自己二〇一〇年年度記事本翻開的第一頁，寫下「成為世界盃麵包比賽冠軍」，十一個字占滿一整頁，「冠軍」兩個字還特別用色筆重描、放大，像是對自己開支票一樣。同年三月，在巴黎舉行的首屆世界盃麵包大師賽，果真摘下歐式麵包組世界冠軍，兌現自己年初設定的目標，圓了人生的第一個大夢。

在年度記事本內頁寫下當年目標，每天翻開，時時提醒自己訂的目標在那裡，離達成目標的距離還有多遠，逼迫自己兌現，是我過去從當師傅階段，就養成的工作習慣。二十三歲服完兵役退伍那年，我也曾在開給自己的支票寫下：「成為獨當一面的麵包師傅。」還在住處牆上和廁所貼上「加油！」、「我一定要成功！」等字條，不出半年後，升上主廚的目標隨即兌現。我始終認為，想成功的人沒有懶惰的權利，但人總有惰性，靠經常寫筆記，提醒自己還有什麼目標尚未達成，是笨方法，但卻也是最有效的方法。

當然，也不是每一次向宇宙下訂單都能如願實現，有一年就沒有如願達成買房擺脫無殼蝸牛的目標。但我仍然深信，當大聲說出夢想的時候，很多人都會從四面八方跳出來幫你，說不定另一個原本心裡也有一樣夢想的人發現，原來彼此理想有相同的方向。就像我在準備比賽最辛苦的那兩年，為了專心練習辭掉工作，戶頭裡只剩下十幾萬元，可是我需要材料、交通費，還有很多大大小小的開銷，這個時候身邊出現很多位貴人，資助我生活費並提供練習場地，他們並不是帶著什麼交換條件而來，只是單純想支持我完成出國比賽的夢想，現在回想起他們的幫助，心裡真是感激萬分。

雖然創業開店第一個十年，只給五十九分的自評分數，但我有一百分的決心和信心，既然下定決心走上企業經營這條路，就像攀登一座大山一樣，出發之後不是攻頂就是下山。有朝一日，我一定會把「吳寶春麪店」發展成亞洲最具代表性的烘焙品牌，前進資本市場朝掛牌上市IPO（首次公開募股）方向規畫，目的是成為一個能傳承永續的烘焙精品品牌。

不管這條路有多遠多難走，就像既然開始學做麵包，那就要做得比任何師傅都好，才會義無反顧去爭取世界冠軍。開店也是，當學徒的時候，一開始我設定日後要開一家比老闆的店更大的麵包店，後來則是以奇美實業創辦人許文龍先生為標竿，目標一定要很明確，一旦樹立標竿人物，以比我更厲害的人為目標，學習他、挑戰他，最後還要超越他，努力不只有了明確方向，而且有無數的階段性目標可以去行動和挑戰，就會不斷燃起渴望學習的強烈欲望。

參。玩創新

讓麵包店不只是賣麵包。

製作麵包過程最關鍵的步驟是攪拌，
當所有材料混合在一起時最能促進酵母活動力，
如同各種跨界學習和體驗混合得越好，
一家麵包店也就越精彩。

8

歸零，是一種習慣

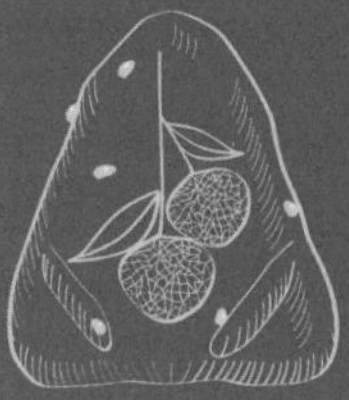

二〇一〇年底「吳寶春麥方店」開幕前，為了開發更多新品項迎接顧客，我前往東京的鳥越製粉麵包學校，參加為期十天的短期烘焙研修班，和很多喜歡做麵包的媽媽一起上課，班上同學知道我是當年世界麵包大師賽冠軍得主，還從台灣飛到日本學習，都感到相當的好奇。

鳥越製粉麵粉廠發源於日本九州，創業迄今超過一百四十年，鳥越製粉麵包學校是由麵粉廠所開辦的烘焙研修院。不只創業前參加，在二〇一一年、二〇一六年，我也分別報名再次前往學習，雖然課程內容幾乎相同，都是關於認識麵粉、酵母和老麵特性的基礎烘焙理論，但對於像我這樣一路土法煉鋼上來，不是出身烘焙學系的麵包師傅來說，是補修理論學分的寶貴機會。我始終認為，**做為一個專業的麵包師傅，想持續創作出各種美味麵包，一定要先懂得麵包製作每個步驟背後的理論基礎**，唯有透過系統性學習，駕馭烘焙技術，才能具備源源不絕的再創新能量。

備料、攪拌、發酵、整型和烘烤，是製作麵包的基本步驟，每一個步驟的操作和掌握，都可能影響麵包最後的口感和風味。當學徒學做麵包時發現，麵包這種東西，實在很難掌控，感覺上好像每一次做出來都會不一樣，在等待麵包出爐時，常常像是等待開獎一樣，心情難免忐忑不安，若是成品不好，常常搞不懂究竟哪一個步驟做錯；若做得好則可能是那天運氣特別好，並不明白為什麼會有這樣的結果。

以發酵來說，在做學徒時，老是不能明白，明明放了一樣多的酵母，麵糰發出來卻沒有一次是一模一樣，有時候一轉眼就發得好大，差點來不及分割整型送進烤箱，有時候怎麼等就是發不起來，急得我像熱鍋上的螞蟻，就怕架上麵包都快賣完了，來不及補上新鮮的麵包。比方說製作吐司麵包，有時候烤出來形狀完美，顏色也好看，賣相超級好，連師傅都稱讚不已，但有時候自認每個步驟和做法都一模一樣，烤出來的成果卻只差強人意，雖然最後還是賣出去了，可是我心裡卻很想大喊：「到底為什麼？」

剛開始，猜想自己是菜鳥，搞不清楚為什麼也是理所當然，和每一個學徒一樣都還在學功夫，但沒想到，我去問師傅時，師傅竟然也說不出個所以然，給了我一個似是而非的答案做回應。

如何知道師傅給的不是真正答案？我後來乖乖照師傅的方法做，期待能成功，可是，最後品質還是一樣不穩定，知其然而不知其所以然。我繼續打破砂鍋問到底，很多老師傅被我問煩了，反而回過頭來勸我不要太認真，反正從以前到現在差不多都是這樣做麵包，客人感覺都能接受，麵包也還賣得出去，多聽少說跟著做就是了。然而，直到二十五歲「出師」，成為能獨當一面的麵包師傅時，腦海中還是存在著關於麵包製作層出不窮的各種疑惑，心想，如果店裡的師傅沒辦法告訴我為什麼做對、又為什麼做錯，難道是師傅還不夠厲害，應該再去找更厲害的師傅學習嗎？

歸零，尋找答案的最佳捷徑

很多麵包師傅「出師」之後就停止學習，但回顧成為麵包職人的這段歷程，我其實是「出師」之後，才真正開始學怎麼做麵包。這一路來，我不會一個人悶著頭苦惱，只要有不會或不懂的，就開口請教厲害的人，或花錢投資時間上課進修，學習帶來的收穫往往更大。**我的體會是，遇到瓶頸的時候，讓自己「歸零」重新學習，是尋找答案的最佳捷徑**。

「出師」之後有一段時間，我在台中當麵包師傅，有陣子門市生意下滑，研發新產品也拉抬不了業績，想不出解方的時候，老闆跟我提起附近有一家麵包店生意很好，很多客人排隊買不到出爐麵包，居然連冷凍麵包都搶著要，實在很不可思議，建議我去研究看看。

有一天下班，我依地址前往，這家排隊名店開在一條單行道，到達時剛好是傍晚麵包出爐時間，買麵包的人絡繹不絕，整條路因此塞車。第一眼看到這家店的麵包，心想賣相這麼不講究，跟我想像的名店完全不一樣，整型工夫完全不及格，如果在我們店，我一定不會讓這樣的麵包上架，為什麼這麼多客人等著買外型這麼不吸引人的麵包？我買來吃了一口，心理就浮現出答案了！那是一份在烤好的丹麥片上先塗一層青醬、放了番茄再鋪上起司的酥皮麵包，嚐起來好像在吃正統的義大利料理，特別是最外層刷上一層淡淡的蜂蜜糖水，讓整體的口感和層次更為豐富。

做出這個外貌很普通的麵包老闆，就是後來很多人知道，啟蒙我對「味道」探索的陳撫洸——阿洸師傅，他帶給我的衝擊很大，幾乎顛覆我過去十多年做麵包的經驗。後來我們彼此相熟了，有一天，我帶著得意的新產品給他品嘗，希望他給我一些銷售上的建議，想不到他吃了兩口，就把麵包丟掉，搖搖頭只說了兩個字：「難吃！」

阿洸師傅向來是心直口快的毒舌派，但老實說我心情上還是受到打擊，畢竟做麵包的資歷也不算淺了，挖空心思做的麵包，卻被一個半路出家，據說之前是賣高級音響設備為業的素人麵包師傅否定，情何以堪。我問阿洸師傅，為什麼覺得難吃，他冷冷地回我一句，「你知道什麼是好吃嗎？」

「什麼是好吃？」這個我從來沒想過的問題，問得我一頭霧水，卻也當頭棒喝點醒我，做麵包這麼多年，只習慣把供應商送來的紅豆、芋泥等配方，理所當然做成不同口味的甜麵包，從未曾想過這些原物料是不是足夠美味，能吸引消費者非吃不可，並為之瘋狂一買再買？追根究柢，問題出在我不懂什麼是好味道。很大一部分原因，和我出身貧困、缺乏美食經驗有關，味蕾被開發的程度低，像是高檔起司、橄欖油或葡萄酒，我幾乎都沒接觸也不懂得分辨，更別說會想到和麵包搭在一起成為創意新品。當時，熱愛美食、美酒，喜歡聽古典音樂，成長背景與我迥異的阿洸師傅，直白點出我不懂什麼是好吃，真的是一語道破我開發新產品的盲點。

向素人麵包師傅學習的機會，使我得以開啟美食的探索旅程。從阿洸師傅身上，我學到如何從產地、年份和酒標，分辨葡萄酒的好壞，如何醒酒並搭配不同風味的起司，喝出一瓶好酒真正味道。我也才知道，原來乳酪有氣味香濃的藍紋起司、香濃順口的布里起司，以及口味清爽的馬扎瑞拉等各種品項，而不是只有做比薩用到的乳酪絲而已。我更認識了松露、海膽、海鹽、紅酒醋和有機果乾等，這些原本不在我味道記憶庫中的各種食材。這種感覺很奇妙，就像當兵時開始學認國字，每一次的學習都令我覺得很新鮮、很期待。

這段學習歷程讓我對食材掌握有了全新體會，後來參加世界麵包大賽時，才會想嘗試運用龍眼乾和荔枝乾等，過去烘焙業界從沒用過的創新材料，創作出得獎的麵包作品。

前往日本學習吐司麵包的製作，也是一次歸零重新學習的經驗。

當時是透過友人特別安排，有幸前往日本山崎麵包的工廠見學，也就是國人熟知的 Yamazaki 連鎖麵包店的總部重地。山崎麵包店創立於一九四八年，一九八〇年代起開始海外展店，除台北之外，香港、馬來西亞、新加坡以及泰國等亞洲城市也有據點，不但國際化非常成功，在烘培業界也是以品質管理著稱的學習標竿。去參訪之前，從我手中不知道已經做出幾萬條吐司，但麵糰發酵這個步驟卻一直是錯誤的。

根據山崎麵包工廠的做法，製作吐司麵包之前，必須在攝氏二十四度環境攪拌麵糰，然後在攝氏二十七度下發酵四小時，發酵箱的溫度還要每小時增加一度，讓麵糰本身的溫度最後維持在二十八度，這樣的時間和溫度條件才能做出好吃的麵包。這和過去十幾年來，我從學徒做到師傅的方法完全不一樣，台灣因為高溫潮濕，麵糰發酵時間通常都只二到三小時，發酵到四小時一定會過發，麵包風味一定會過酸，根本不可行。但山崎麵包工廠老師傅這種做法，做出來的吐司不但有彈性，吃起來也不會一直掉屑，口感像雲朵一樣柔軟。

日本麵包師傅的龜毛態度，連溫度差一度都要計較，讓我想起之前曾經看過日本《搶救貧窮大作戰》的電視節目，其中一集是搶救一家快要倒閉的麵包店，執行搶救任務的是一位大師級的麵包師傅。印象很深刻，這位大師只因這家麵包店師傅攪拌完成的麵糰溫度，和他所要求的相差一度，便大發脾氣要求所有麵包都得重做，當時我心理的感想是：「騙肖ㄟ，差一度有差那麼多嗎？」然而，經過這次海外見學，我才終於明白什麼是日本人的「龜毛」性格，以及差一度對麵包品質和口感的重要性。

回到台灣之後，我迫不及待依樣畫葫製作吐司，工廠沒有冷氣，我便把攪拌好的麵糰推到門市吹冷氣，實驗幾次之後，果然品質大幅提升，完全顛覆我對麵糰發酵的認知，帶給我極大衝擊和震撼，甚至懷疑自己，不只是吐司製作，十幾年來學做各種麵包的方法，會不會也是錯的？為了追求理論基礎，我好一陣子下班後都不離開店裡，一個人躲在廚房做實驗，報名參加更多講習課程，想徹底搞清楚烘焙每個步驟的理論基礎。

創新靈感來自學習

學會這些駕馭麵糰發酵的基本功，讓我後來對於吐司系列產品的應用和變化，有更充分的把握，包括創作出口感綿柔的「金牌牛奶吐司」、發酵時間延長柔軟度極佳的「皇冠吐司」，以及含水量達九〇%、遠高於一般市售吐司七〇%的「不老吐司」等，都成為顧客喜愛的創新產品。

嚴格說來，二〇〇八年第一次出國比賽、拿到世界麵包大賽亞軍後，為了準備兩年後的大師賽，再次歸零從頭學起，我才真正建立烘焙的理論基礎。

尤其在國際比賽場合上，看到日本籍師傅出神入化的技法，做起麵包不是依循技術SOP，而是充分融會貫通之後駕馭技術的層次，都讓我自覺有很多不足之處，需更進一步補修系統性知識和理論學分。

在那段時間，我苦練製作法國麵包。雖然出國比賽前，擔任教練的穀研所長施坤河老師，和來台定居的日籍師傅野上智寬，都惡補教我製做法國麵包的方法，但我深深懷疑，自己沒有在法國生活過、不知道法國人是怎麼吃麵包，做出來的是不是正統法國麵包。為了精準控制氣孔的膨脹力道，做出外觀有漂亮裂紋，且嚼起來有純粹麥香能回甘的正統法國麵包，我再次動身前往鳥越麵粉廠，向我很敬佩的加藤一秀老師請益，這位做麵包超過四十年的老師傅，就像一本學不完的烘焙百科全書。不是去個一趟二趟就能學完他的深厚功力。

從原本一開始，只是想尋找如何做出品質穩定麵包的答案，到後來養成**每段時間就從頭學起的「歸零」習慣，讓我意外發掘許多創新的靈感來源**，也越來越明白，不管是學識字還是學做麵包，學習原理都是一樣的，只要歸零從頭學習，克服最困難的第一步，當什麼都沒有的「零」變成「一」之後，就可以像麵糰發酵一樣，產生一連串有如化學反應的創意，帶來無限大的可能。

因為，每次的歸零和學習，必然打破既有的認知框架，一旦經驗的框架被拆掉，慣性的思考模式就會被改變，能從不同的角度看待同樣一件事，也就容易出現新的點子，成為創新的驅動力。

9 有道理的創新

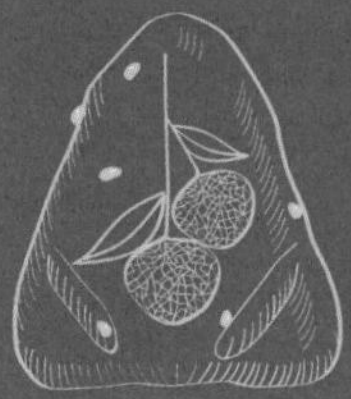

創業開店之前，我曾在北中南不同城市的麵包店工作過，從做學徒到擔任主廚，接觸過許多烘焙業的前輩。我發現很多麵包師傅沒有數字概念，特別是傳統家庭式的麵包店，師傅做麵包全憑經驗和感覺，麵粉重量抓個大概，餡料比例差不多就好，有時候甚至連明天會用到多少材料、共做出多少個麵包，都不太估算，有多少備料就做多少麵包。

也常看到另一種麵包師傅，使用材料時斤斤計較，管控採購價格更是盯得緊，為了殺低供應商的報價，買進原物料時以量制價，卻沒有妥善管理這些食材物料，常常往冰箱倉庫裡頭一擺，過了保存期限都還沒用完，只好報廢當廚餘，反而因食材損耗和庫存管理增加不少成本，雖緊盯數字卻沒達到降低成本目的。

不只缺乏管理思維，產品創新也是，師傅想做什麼就做什麼，把店內不同餡料做各種排列組合，例如肉鬆加芋頭或奶酥搭紅豆，不然就是把圓的菠蘿麵包變成橢圓的，就算是開發新口味了；或者麵包上放草莓賣得不錯，就如法炮製，再推出放上奇異果、水蜜桃等系列的產品，以應付每當店裡業績下滑時，老闆要求開發新產品的命令。

早期台式創新這件事

土法煉鋼加上天馬行空，這就是傳統台式麵包店的「創新」做法，不能說完全無效，有些持續賣得不錯的品項，像是芋頭肉鬆，後來變成很多麵包店跟進的常態品項。但嚴格來說，這樣創新背後其實是沒有邏輯，有些產品根本不能成立，例如有些水果切片放了幾小時就會出水，口感變差不好吃。就算能成立，常常產品熱賣一、兩個禮拜，老闆一開始很開心，但消費者嘗鮮過後就退燒了，當中僅極少數能持續熱賣，算是被店家矇到的，如果真要分析為什麼能賣起來，創作的師傅往往也說不上來。

不只新產品研發如此，學做新產品常常也是知其然不知其所以然。當時的我們就像盲人摸象一樣，一群瞎子聚在一起討論自己根本不認識、不理解的東西，不管大家討論得多麼熱烈，卻可能一開始方向就錯了，只是矇著頭繞圈圈，表面上解決問題了，但只是治標而已，新的問題馬上又冒出來。

舉法國麵包為例，二十年前我剛開始學做正統的法國麵包，周遭幾乎沒有師傅會做，大家運用各自想像力，做出一些看起來外觀很像法國麵包的產品。比方說，法國麵包表面不是會有很漂亮的裂紋嗎？剛開始沒人知道那個裂紋是怎麼來的，只知道有時候烤出來會裂，有時候不會，至於裂得好不好看，那就更不用談了。

於是有人開始天馬行空亂想，「聽說法國人是用蒸氣烤箱烤的，那我們丟冰塊進去，不就有蒸氣了嗎？」、「啊，一定是有擠奶油的關係啦，麵糰有塗奶油跟沒塗奶油烤出來表面不是會不一樣嗎？」大夥就這樣胡亂猜測、人云亦云，也是抱著能不能矇到「對的方法」這樣心態。

其實法國麵包上的裂紋，是在整型好的麵糰表皮上，輕輕劃出幾道刀痕，這幾刀不是隨便亂劃，而是劃開表皮卻又不能割斷裡面的麵筋組織。把麵糰放入蒸氣烤箱後，由於噴出的蒸氣屬於細小分子，當蒸氣落在麵糰上時，只有麵糰表面會覆蓋到蒸氣，麵糰裡面沒有，在烤箱上下高溫加熱時，表面蒸氣很快乾掉，這時麵糰也因為溫度上升開始膨脹，就會從刀痕的地方撐出裂紋。

這些原理是我後來看日文烘焙專書，才學習到的製作技巧，但知道如何讓法國麵包裂出漂亮裂紋，已是飽受土法煉鋼之苦很久以後的事了，同時也深刻體會到技術之所以不能進步，是在做學徒學烘焙這一路上，從來沒人教我做麵包的原理和道理。

其實，只要掌握麵糰攪拌、發酵等烘焙製作的原理，面對不同製作條件或進行創意變化時，就能有推論的依據，據此提出對應和調節的做法，製作出能被預期、品質穩定的好吃麵包。

第一次前往法國參加世界盃麵包大賽時，冬天巴黎的溫度是零下一度、溼度二〇％，對於生活在亞熱帶地區，平均室內溼度七〇％左右的我們來說，麵包製作環境大不相同，麵糰只要一拿出發酵箱就會立刻乾掉，如果不曾理解製做麵包的原理，那個當下除了驚慌失措以外，肯定完全沒有因應對策。一旦有知識理論基礎，就知道問題解決的方向，想出辦法克服製作過程種種變數，依舊能做出理想中的麵包。

使用者脈絡出發的創新

土法煉鋼式的創新和做麵包手法，成為我們這一行普遍的現象，和早年烘焙業的產業環境有關。

過去台灣大多數麵包師傅，受雇於家庭式的傳統小麵包店，這類社區麵包店主要提供附近家庭所需，一家店裡頂多一、兩位師傅，手下各帶幾個助手或學徒，透過師徒制方式，將做麵包技術一個傳承給另一個。對麵包店老闆來說，開店做生意求的是能讓一家人溫飽無虞；對學徒來說，追求的是技術學到手「出師」當上主廚，成為主廚權限就變得很大，可以指揮整個廚房的運作、決定該開發什麼新口味麵包，下一步不是去別家店應徵當師傅，就是實現創業開店當頭家的夢想。

再者，麵包師傅這一行，重視師徒關係，大部分學徒跳槽換工作也是一個帶一個，有認識的人在某麵包店工作，只要那家店缺人手，以前的師傅或師兄就會來問想不想換個環境做事。根據我在不同傳統麵包店工作過的經驗，不管換到哪一家，其實都大同小異，頂多薪水多一點點、待遇好一點點。雖然從學徒當到主廚有一定的歷程，但是很多麵包師傅其實只在廚房磨了幾年就算出師了，如果沒有持續鑽研技術，頂多成為和師父差不多的麵包師傅罷了。

我始終相信，創新和做麵包一樣，都應該是有理論基礎、有道理的。**真正的創新，必須能回應消費者需求，並創造出商業價值的新做法**。傳統麵包店固然藉由不斷試錯尋找商機，但其創新盲點在於，多數麵包師傅既缺乏理論基礎，更不懂得如何和顧客互動、蒐集門市意見和數據，針對市場喜好精準開發新產品，或探索消費者沒說出口的需求，想到什麼就做什麼的散彈打鳥式創新，落入本位主義的生產者思維，而不是從產品使用者的立場出發，稱不上有道理的創新。

不過，做麵包的理論基礎，可以去日本的烘焙學校找答案，但能教我創新理論的高手，在烘焙產業卻不容易找到。於是，探索創新的理論基礎，便成為我在新加坡國立大學讀EMBA時的研究主題《麵包物語：使用者脈絡的麵包店創新》，整個研究脈絡從蒐集麵包使用者資料著手，不管是生活習慣、使用場景或相關行為數據等，解構人們為何消費麵包的動機和洞察。

研究的發現是，身為設計產品的麵包師傅，必須回到使用者脈絡，思考麵包帶給他的意義，以及產生的連結是什麼，據此進行提案，才能創造出令人驚喜的產品。比方說，一樣是菠蘿麵包，出現在貴婦的下午茶餐盤，或祝壽生日壽宴上，場合不同表達的意義就不一樣。我曾經為了祝壽需求，借用壽桃的概念，重新設計菠蘿麵包，先做出一個超大菠蘿麵包，然後挖成空心，裡面再放入多個小菠蘿麵包，當壽星剖開大菠蘿看到裡面塞滿許多小菠蘿麵包，一定會感到驚喜不已。

又例如，因為「紅豆生南國，春來發幾枝？願君多採擷，此物最相思」這首唐詩緣故，紅豆象徵著纏綿甜蜜，結婚的新人常選來做為送給賓客的婚禮小物，沿著這個象徵意義和婚禮場合的使用者脈絡，我替換傳統烏豆沙大餅，改以台灣人最愛的紅豆麵包下手，重新設計成新人的婚禮小物，讓收到禮物的賓客都感到驚喜不已。

像這樣鎖定使用麵包的場合，找出意義脈絡，透過演繹方式進行產品創新，完全跳脫傳統麵包師傅的天馬行空做法，不要說行業普遍缺乏這樣的思維，我也是一邊研究，一邊回顧自己創作歷程，才發現成功的創新其實是有邏輯的。

二〇〇八年，我獲得世界麵包大賽亞軍的作品「酒釀桂圓」麵包，就是回應主辦單位要求，創作出具有國家特色的新口味。其實，把桂圓放進西式烘焙產品，並非我首創，早在酒釀桂圓麵包出現之前，市面上就有很多麵包店推出桂圓蛋糕，卻沒有人賦予故事和意義。我當時表達了創作動機，把小時候，每逢冬至媽媽做給一家人吃的桂圓糯米糕，那樣溫暖而甜美的難忘記憶，和桂圓連結在一起，因為意義和脈絡非常清晰，讓評審團留下深刻印象，是那次比賽得到好成績的關鍵原因之一。

此外，很多比賽得名的作品，進行商品化之後，未必是市場的票房保證。酒釀桂圓麵包倒是很幸運，不管在我之前東家帕莎蒂娜，或後來我自己的麵包店內，都是持續熱賣的品項，若要分享成功祕訣，我認為關鍵在於後續協助的行銷團隊，精準掌握了使用者脈絡的這個要素。

在二〇〇八年世界麵包大賽現場，酒釀桂圓麵包成品僅做成約四百公克的大小，但後來市售版本重達一公斤，不但拿起來沉甸甸，更在果實行銷團隊建議下，採用「吊著繩子的紙包」包裝概念，以環保、韌性高的牛皮紙與麻繩，呈現質樸的手感包裹著大麵包，傳達土地情感及親人的思念之情。很多客人購買酒釀桂圓麵包不是自己吃而是買來送人，這個商品後來還得到經濟部台灣美食伴手禮特優獎的肯定。

把麵包做成重達一公斤，過去在台灣幾乎沒看過，酒釀桂圓麵包創新的規格，是師法法國巴黎一家近百年歷史的傳奇麵包店「普瓦蘭」（Poilane），該店的鎮店之寶是個重約兩公斤的巨型法國鄉村麵包，這家店店面不大，一進門就可以看到擺在牆上的一顆顆大型麵包，上面烙上大大的「P」字商標，十分具視覺震撼效果。再者，市面較常見以蛋糕做為伴手禮，很少人會把麵包當成伴手禮，**桂圓酒釀麵包打破這個框架，不管是麵包體規格、包裝設計或故事行銷，都是從送禮行為背後的使用者脈絡發想，才能很精準切入伴手禮市場，也找到麵包商品的另一個新藍海商機**。這樣的創新便是我所強調：有道理的創新！

蔥麵包老味也能創新

創新有很多不同的路徑，例如大小菠蘿組合起來取代生日宴會上的壽桃，是從麵包使用者場景切入的創新；酒釀桂圓麵包藉由改變商品規格與包裝，讓麵包從自用變成滿足送禮需求的伴手禮。除此之外，有些**經典品項像是蔥麵包、紅豆麵包等，其實光是產品本身進行大幅提升，就能創造新的商業價值，也是**

一種創新的做法。

蔥麵包、紅豆麵包、克林姆，這三款經典台式麵包，幾乎是台灣所有麵包店都有販售的商品，也是最受消費者歡迎且歷久不衰的口味，因此，從第一家吳寶春麥方店高雄門市開幕，店內就推出了這幾款經典台味，並以「新臺風系列」命名。

對每一位麵包師傅來說，不但非常熟悉這幾款台式麵包，更是從做學徒時就開始接觸的品項，我也不例外，對於這樣的經典味道充滿記憶，尤其是蔥麵包，早年我當學徒時叫做豬油麵包。麵糰整形好之後放在烤盤上，鋪上蔥花塗上豬油、白胡椒、沙茶醬和蛋汁等，烘烤過程豬油會流到烤盤底部，形成像是煎烤麵糰的酥脆口感，出爐之後鐵盤上的豬油不能倒掉，回鍋使用才能讓下一批麵包香氣更香更濃，但烤過蔥麵包的鐵盤則因沾黏焦化的麵糰，洗起來特別費工，成為學徒最不想面對的苦差事。

我後來觀察到，蔥麵包深受台灣消費者喜歡，頗能代表台式料理的獨特風味，很吸引國外消費者注意，許多日韓觀光客到店內甚至指名要買蔥麵包。雖然多數麵包店目前已改用含鹽奶油或橄欖油取代豬油，但傳統蔥麵包對很多人來說仍太過油膩，於是，我著手改造，把麵糰大小從一般的六〇公克縮小為四〇公克，這樣吃完一整個口感不會太膩，蔥則是使用宜蘭三星當天現採的粉蔥，切的寬度為〇．五公分、烘烤時間設定在八分鐘，蔥必須完全烤熟，吃起來才不會感到辣口。

至於克林姆和紅豆麵包，除內餡一定店內自製不假他人之手之外，紅豆麵包改造的重點有兩個，一是紅豆餡的熬煮工序，更為精進和講究，除優選台灣萬丹紅豆，為確保每顆紅豆都有煮透，還必須在中火的狀態下加冷水來回煮沸十次，然後靜置到四十度再拌入糖和麥芽，讓整顆紅豆從紅豆心到外表甜度一致（第4頁圖6）。另一個就是整形過程，務必要把紅豆餡平均分布到麵糰各處，而不是集在中心處，這樣客人每一口都能吃到麵包體和紅豆餡，不會最後一口吃到一整團過於甜膩的紅豆餡。

從細節處進行改造的思考，很多都是從參加比賽過程中得到的啟發，但我覺得這樣還是不夠好，這幾款台式甜麵包的麵糰還有提升空間。在推出這三個品項即將屆滿十年，隨店內發表使用夢幻麵糰研發多款吐司新品之際，我們同時將蔥麵包、紅豆麵包和克林姆麵包這三款經典品項，同步升級為夢幻麵糰，常溫放置三天也仍如第一天般口感，讓消費者充分感受到，雖然是再簡單不過的品項，但我們始終保持不斷創新和自我進步的態度。

10

個人創新到團隊創新

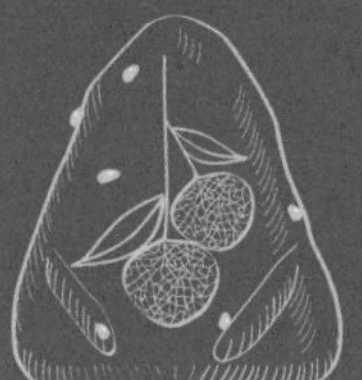

二〇一七年、二〇一八年，以及二〇一九年底，吳寶春麥方店跨出高雄，分別在台中、台北，以及台北遠百信義A13百貨等地，開設大型旗艦店以及主題麵包坊，藉由空間策展與創新產品設計，和顧客溝通品牌的內涵與價值主張。

堅持連鎖而不複製，讓每家店都有不同的特色和風格，是為了，**跳脫傳統麵包店的經營模式，麵包店不再只是賣麵包，而是透過對消費者不斷提案，傳達每個麵包背後的生活態度和烘焙文化，成為人們可以尋寶、發現驚喜的場所，**這才是我心目中的理想麵包店型態。

鄰近台中歌劇院的劇院店，採開放式廚房設計，顧客買麵包時，透過大片透明玻璃，可以看到麵糰從放上烤盤到出爐整個運作過程，購買起來更感安心。同時，師傅埋頭專心做麵包被注視到，也是一種肯定並產生自信的來源，不定時的「每日主廚秀」，讓走到外場的師傅能和顧客有更多互動。「劇場式概念」的發想，呼應歌劇院的展演概念，創造人們走進麵包店就像欣賞一齣戲劇的消費體驗。為讓門市人員也扮演好稱職的演員，特別請來在倫敦時裝週大放異彩的APUJAN創意總監詹朴，依不同職位所需的服裝功能，為店裡麵包師傅和門市夥伴設計多款專屬制服（第5頁圖10、圖11）。

一系列的制服除以白色與咖啡色系，搭配簡潔剪裁和店內空間設計相呼應之外，詹朴總監更在上衣、衣領上以刺繡方式，引用和麵包有關的文學句子，如西班牙文豪塞萬提斯「*With bread all sorrows are less*」（有了麵包，所有的憂傷都變少），以及智利詩人聶魯達的「*Peace goes into the making of a poem as flour goes into the making of bread*」（平靜製成了詩篇，猶如麵粉製成了麵包），運用具文學性與設計感的元素，更進一步傳遞了吳寶春麥方店的品牌理念。

另外，以「尖叫的麵包店」為主題，進駐台北遠百信義A13商場美食樓層，更是一次大膽的策展經驗，希望凸顯工藝麵包價值，讓每個麵包就像藝術作品般綻放光芒，也帶給烘焙產品更多的時尚感，店內牆面飾以挪威畫家孟克名畫《吶喊》，讓逛街經過的消費者不注意到都很難。至於產品上的創新，則推出靈感來自爆米花的「騷騷包（第5頁圖12）」，盛裝在錐形紙杯當中的不再是爆米花，而是在麵糰裡加入抹茶粉、紅龍果粉和巧克力粉等天然色粉，做成色澤繽紛、口感Q軟，適合順手抓起的多款小方塊麵包，就像吃爆米花一樣，很適合一邊看電影一邊享用。

跨界創新來自跨界人才

如同之前將酒釀桂圓麵包進行「伴手禮化」的創新，「騷騷包」背後創新邏輯，是從商場內電影院觀眾的使用者脈絡出發，做為商品創作發想源起，思考如何將麵包「零食化」。將麵包零食化雖是很棒的創意，但執行起來有許多困難，因為零食這類休閒食品屬於情緒性消費，五顏六色視覺感強才能引發購買欲。如何讓原本當正餐能吃飽的麵包，轉變成看起來像是有趣吃巧、外觀色彩繽紛的零食，又不能使用任何人工色素等添加物，就是創新時遇到的第一道難題。

所幸，我們公司來自媒體產業的邱一新副總經理，上網找到一家生物科技公司，專門提供梔子花果實萃取出來的梔子天然色素，加入麵糰內不但可以調出紅黃藍等各種顏色，高溫烘烤也不會產生褐變，耐光耐熱的特性被廣泛運用在各種食品製造。我和身邊熟識的麵包師傅，從來都不知道有這樣的天然原料，可以應用在烘焙產品。這件事讓我反思，個人創新的侷限性，以及跨界創新的重要性，這也是很多麵包師傅創新時的痛點和盲點。

傳統麵包店因為只有主廚一人研發新產品，一旦找不到創新配套的解決方案，不是碰壁就是得土法煉鋼，最多只能請教同行更資深的麵包師傅，但實際上大家所受的訓練都差不多，很難問出什麼突破性的解方。此外，老師傅的創新祕訣只能意會無法言傳，甚至還偷藏半步怕被學走，更是無法複製或在一家店裡持續傳承下去。因此，除了得從消費者的需求端，解構並找出有道理的創新邏輯之外，還要加上**和不同領域的專業腦袋碰撞，這樣麵包店在研發各種創新時，才不會只靠主廚一人的靈光乍現或天縱英明，也才能從「個人創新」進入「團隊創新」的層次**。

一家麵包店乃至一家企業，只有具備「團隊創新」的能力，商品和品牌才能維持續航力。以吳寶春麪店來說，陸續開出分店之後，新產品未必都是我一人研發，各店主廚可以主導店內四成產品的開發方向，每家店都可以擁有自己的創新特色，這樣好處是，各店可以依據在地商圈的不同需求，發展貼近消費者需求的產品。另一方面，當客人走進不同城市的吳寶春麪店，都會有發現不同產品的新鮮感。

同樣的，能做到連鎖不複製、每家店都有各自獨特的策展主題，也不是我一個人想得來的。進駐台北遠百信義A13商場時，剛開始也想過是否以健康或蔬食概念為主題，但團隊進行討論時，邱一新副總經理提出他曾看過《吶喊》那幅畫，給了大家很棒的靈感，於是麵包師傅便圍繞「令人尖叫的麵包」的主題發想，才設計出「小辣椒」這款作品，除外觀是以甜菜根染成紅色的辣椒造型，內餡更是把整根新鮮辣椒直刀開肚、去籽，包入朝天椒和花椒等打成的乳酪餡，鹹香微辣的口感非常迷人。如果你是超級嗜辣族，還可以來挑戰主廚限量推出的「斷魂小辣椒」麵包，現場還很幽默地提供冰水一杯，讓你可以急救滅火（第5頁圖13、圖14）。

不管是產品研發或空間策展，能做到多元創新，關鍵是經營團隊必須廣納不同思維、不同專業背景的成員。提出尖叫麵包創意提案，也協助師傅找到梔子天然色素，解決麵包零食化上色問題的邱一新副總經理，他除曾擔任過《TVBS周刊》總編輯，更是走遍大江南北繞地球好幾圈，還曾遠赴南北極地的專業旅人，視野遼闊人面很廣，尤其擅長企畫和行銷，是一位格局夠、眼界遠，懂得品牌經營的高手。他加入團隊之後，從消費者的觀點和餐飲文化高度重新梳理品牌定位，並引導師傅做創新，經常激盪出許多新火花。以天然紫薯粉、梔子花粉和紅麴粉等，將傳統炸彈麵包染成紅黃綠紫不同顏色的「彩蛋麵包」，便是取自俄羅斯復活節的彩蛋文化，這也是邱副總的好點子，在在打破過去麵包師傅創新時，常只顧慮到「好不好吃」這個單一要素的盲點，光靠產品好吃，消費者未必願意埋單，因為除了好吃之外，好看、好玩，或傳遞某些情感或記憶，都可能是消費者購買麵包時的內在動機。

尋找團隊的「黑天鵝」

備料、攪拌、發酵、整型和烘烤，製作麵包所有步驟和過程當中，最關鍵的步驟是攪拌，當所有材料混合在一起就能促進酵母的活動力，強化麵糰中的麵筋組織，只要麵筋可以充分延展筋性，就能經整形、烘烤之後，順利做出好吃的麵包。做麵包道理跟人生道理也很像，每一項我們在人生道路上所學習到和所經歷到的知識和體驗，最後全都混合在一起，形成內在的核心價值，當各種學習所得經過攪拌，跟個人的特質混合得越好，個人生涯的發展也就會越出色。

創業開店帶領團隊幾年下來，我也發現，**打造團隊的道理亦是如此，當能把不同專業人才與各種跨界資源混合得越好，團隊的創新能量就會越強大，一家麵包店也會越精彩。**

看待人才發展，我常借用「黑天鵝效應」比喻團隊建立過程，必須具備廣納完全不同人才的勇氣，打破原本成員看待事情與思維方式，才能突破組織集體慣性和框架，找到新的事業成長機會。「黑天鵝」說法源於十七世紀之前，歐洲人沒有見過黑天鵝，以為天鵝都是白色的，於是「所有天鵝都是白的」，便成了當時沒有人懷疑的事實。一直到人們在澳洲發現黑天鵝，歐洲人的想法才有一八〇度翻轉，這種翻轉造成人們心理劇烈震盪。儘管有數萬隻的白天鵝作證，「所有的天鵝都是白的」，但是要推翻它，只需要一隻黑天鵝就足夠了。也就是說，人們習慣相信的信念，有可能是錯的，然而我們卻從未思考過它可能是錯的，所造成的後果。

也因此，「黑天鵝」常用來指極不可能發生、實際上卻又會發生的事件。舉例來說，在人類社會發展或經濟活動當中，如鐵達尼號的沉沒、九一一事件，或次貸危機引發金融海嘯等，這些事情出現在一般人的期望範圍之外，過去經驗讓人不相信其出現的可能，都可以說是黑天鵝事件，但這些事件卻又對我們的歷史和社會產生重大的影響。用一句話來說，**「黑天鵝效應」的邏輯是：你不知道的事，往往比你知道的事更有意義！**

套用「黑天鵝效應」的邏輯思考團隊發展，我經常在想，有沒有可能和麵包師傅想法最不一樣的人，才能對麵包店經營有更前瞻性看法？特別是當市場環境劇烈變化，接下來建立會員資料庫與大數據行銷等，成為餐飲零售業品牌不能不面對的數位轉型挑戰時，一家麵包店若想永續經營下去，已不再是靠師傅一人部隊就可以勝任的，必須仰賴不同領域專業者協助，進行對話和腦力激盪，才可能碰撞出創新的好點子。這便是為什麼我邀請有媒體產業背景的邱副總，來重新定位並梳理品牌故事；以及曾擁有大型金控和旅宿業經驗的專業經理人，出任人力資源部門的主管，都是基於想在最短時間內，架構經營團隊的堅強戰力，帶領品牌更上一層樓！

回顧從初創到現在，吳寶春麥方店一直和不同專業領域高手合作。跨界創新，是豐富品牌內涵的重要做法，除了由 APUJAN 創意總監詹朴，相繼替台中劇院店、台北旗艦店設計店內夥伴的制服，一開始店徽ＬＯＧＯ設計，也邀請了四度入圍葛萊美獎唱片封面設計獎項的蕭青陽先生。蕭先生是第一次幫麵包店設計ＬＯＧＯ，我應該也是第一個找來唱片封面設計師進行合作的麵包師傅。我們在一場論壇上認識彼此，聊起來知道他小時候家裡也是開麵包店，便覺得格外親切，促成了後來跨界合作的契機。

吳寶春麥方店的ＬＯＧＯ遠看像鳳梨、近看則有星星和月亮圖像，鳳梨象徵靠採收鳳梨打零工撫養我長大、我生命中最重要的母親陳無嫌女士，以此表達我對在天上母親的思念，也把榮耀歸功於她（第9頁圖28）。同時，這個鳳梨圖樣看起來也像高雄的「高」字，高雄是我第一家店立業的所在城市，也寓涵守護著這座城市不斷發光發亮等多層意義，若非是由高手操刀，很難透過如此簡單圖樣，完全表達我的創業理念。

透過和不同領域高手合作、碰撞的經驗，都讓我重新用更多不同角度，思考麵包的各種創新可能。為了讓麵包賦予故事性與藝術性，在設定為「世界麵包館」的台北旗艦店，每月會定期舉辦麵包文化沙龍講座，也曾與國內知名大提琴家范宗沛合作，推出《琴弦上的「麪」》跨界音樂會，當樂迷聆賞古典音樂的樂曲之後，便能馬上品嘗到我為當天音樂會曲目特別製作的麵包，並透過音樂家一一介紹每款麵包背後的故事。像是蔥麵包讓人想起豬油拌飯年代，那樣的純樸卻美好的滋味；口感綿密的紅豆麵包，映襯著日本師傅過往對我用心指導，嚴格而受益良多；法式長棍麵包則有著我遠赴法國比賽得獎的喜悅，和初見滿城雪景的難忘回憶等，讓這場音樂會觀眾不只享盡耳福，還滿足大家的口腹之欲。

事實上，和不同領域展開跨界合作，也是全世界烘焙產業的一股潮流。雖不再參加烘焙比賽，但我每次都會率領或陪同台灣代表隊，前往法國參加世界盃麵包大賽，這類國際性比賽是掌握全球烘焙業趨勢的一扇窗，我觀察到的是，接下來烘焙業比的將是跨界創新能力！有一年，一個國家代表隊在藝術麵包贏得冠軍的作品，是由藝術家先畫出圖樣、計算結構體的重力分布後，再交給製模師傅開模，上場比賽的麵包師傅只要負責把作品組合完成就好，顛覆過去由師傅一人完成設計和製作的概念，發揮三個臭皮匠勝過一個諸葛亮的團隊戰力。這樣的合作模式若運用在商業上，一定也能產生極強大的創新力道。

麵包師傅的世界其實很單一，只會做麵包，藉由和不同專業跨界合作，最大好處是會因此打破既有的思考框架。要不是曾經和花藝美學大師凌宗湧合作策展，我也不知道原來苔蘚也是可以入菜的一種食材，像是居住在雲南一帶的傣族，就會在春季撈取河裡岩石上的苔蘚，撕成薄片曬乾後，用油煎或火烤方式，燒得酥脆即可食用，或掰碎倒上滾油拌上鹽巴，用來當肉或米糰的蘸醬。也是因為這次的合作機會，和花藝大師一起走逛花園，才知道原來把香草和紫羅蘭，一起放進口中咀嚼的味道，竟是如此特別。

尤其，在和凌宗湧老師合作《當麵包遇到香蕉》（第6頁圖15、圖16），以花藝自然與麵包為主題的跨界策展時，最有意思的是，麵包師傅重視「好吃」，但花藝老師則認為「好看」最重要，因為思考角度不同，產生很多創意的碰撞。凌宗湧老師在一個裝置作品上，倒掛上一串外皮還是綠色的生香蕉，但過了幾天，香蕉慢慢成熟變成黃色外觀，這樣看待大自然的方式，以及把時間的元素放進作品當中，同時兼顧好看和好吃，都帶給我驚喜不斷的啟發和學習！

11

我喜歡，以麵包閱讀世界

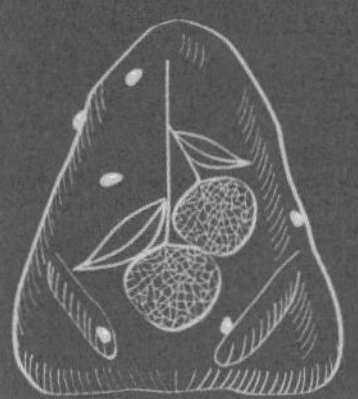

因為從小成長的環境經濟拮据，滿腦子只想趕快賺錢，好多東西沒見過也沒嘗過，當然更沒有辦法想像那是什麼味道；直到當上麵包師傅有點經濟基礎，卻又幾乎整天埋首在工作裡，想趕快出人頭地證明自己，以前的我，可說是不懂生活更談不上什麼品味。直到快到三十歲時遇到阿洸師傅，帶著我品評紅酒、認識食材，開啟味覺的探索之旅，才發現原來自己多麼不懂生活，認識的世界竟是如此狹隘。

隨著後來不斷開拓視野和見識，生活經驗相對豐富一些，越是明白這些體驗過的美好感覺，最終都會變成我的一部分，並成為烘焙作品的創意來源。例如味覺，就是一種很奇妙的記憶，一旦烙印在腦海當中，不管時間過了多久，只要再一次品嘗到那個味道，酸甜苦辣的記憶就會瞬間回到眼前。因此，我經常從味道的記憶去發想創新口味，像是第一次參加世界盃麵包大賽時的酒釀桂圓麵包、陳無嫌鳳梨酥，還有黑糖吐司等，都是來自回想起小時候，媽媽給我吃過的食物滋味。

還沒創業開店之前，有一段時間，我下班後沒有任何娛樂活動，跑去報名社區大學的古典音樂欣賞課程，認識貝多芬的交響曲和莫札特的室內樂作品，了解各門派大師生平事蹟。乍看起來，欣賞古典音樂好像跟做一個麵包師傅用得到的技能，沒什麼直接關係，當時還被其他師傅友人訕笑，但對於從年輕時就背著行李提著一台收音機，離鄉背井到各地當學徒的我來說，這樣的學習和興趣培養，不但擴大了感官的感受能力，更深為創作者的氣度與精神所鼓舞。

像是貝多芬壯年得知自己耳聾，一度絕望到想自殺，但在坦然接受這樣的遭遇後，反而寫下第三號交響曲《英雄》、第五號交響曲《命運》等，充滿英雄氣慨的作品。這讓我想起十七歲剛北上當學徒時，有一次揉麵撒粉竟過敏狂打噴嚏，才知道自己原來對麵粉過敏，當時帶我的師傅還說我和做麵包沒緣分，讓我一度感到很挫折，甚至心裡一度懷疑：「我還能做麵包嗎？」

種種學做麵包技術之外的體驗和學習，以及後來有機會走出台灣，前往日本學習赴法國參加比賽的經歷，讓我逐漸明白，**任何產品創意的發想，除來自**

不斷精進烘焙基礎理論，另一個很重要的養分源頭，就是麵包師傅的生活背景和經驗，甚至品嘗到的種種人生滋味。

有一年，我受邀前往法國擔任國際性烘培競賽評審，負責評分歐洲區的國家特色麵包比賽項目，有來自義大利、西伯利亞、俄羅斯和荷蘭等各國的國家代表隊。印象最深刻的是俄羅斯，全隊三位選手都是女生，我很好奇為什麼都是派女性師傅參加比賽，一問之下才知道，原來早年俄羅斯男人都被徵召去打仗，留在家鄉的女人必須學會做麵包，所以俄羅斯七〇%的麵包師傅都是女性。她們用茴香、起司和雞蛋，做了一款像是韭菜盒的麵包，我試吃之後覺得非常特別，當場還和俄羅斯代表隊的教練約定，有一天，要去俄羅斯學做麵包。

又例如丹麥可頌，則是北歐民族對應寒冷的氣候條件，所發展出的烘焙特色產品，為了禦寒增加熱量，他們在麵糰裡裹入一層又一層的奶油，奶油可以阻隔麵糰結合，把包裹奶油的麵糰一層又一層折疊起來，力道平均碾壓，最後不管是麵糰或奶油，都變得很薄很薄，一層麵、一層油，層層疊在一起，麵糰切割整型後送進烤爐裡，一遇到高溫奶油就融化，薄薄的麵皮吸飽奶油的香氣，烘烤出來的可頌麵包，口感十分酥脆一咬就斷，而被奶油均勻撐開的層層麵皮，也創造出獨特奶香和麥香相互融合的滋味。

把全世界的烘焙文化帶到台灣

每個國家吃麵包的方式和口味，背後就是那個地方的生活文化，如巴西的木薯麵包、瑞典的極地麵包、日本的菠蘿麵包、義大利的水果麵包「潘妮朵妮（Panettone）」，或我們台灣特有的蔥麵包、炸彈麵包等。**對我來說，人生旅程是由一個個美味的麵包所串起的，像是第一次到日本吃到口感像雲朵的吐司麵包，以及入口還會回甘的法國麵包，踏上學習製作不同麵包的這趟旅程，就是我閱讀世界的方式，也是麵包讓我認識了更廣闊的世界，這是為什麼選擇用「我喜歡，以麵包閱讀世界」這句話，做為吳寶春麴店的品牌主張。**

我下定決心用麵包閱讀世界，把世界各國的特色麵包，原汁原味地一個個帶回台灣，和巴黎傳奇名店「普瓦蘭」有著直接關係。二〇一〇年三月赴法國參加世界盃麵包大師賽，比賽前兩天，我抱著朝聖的心情前往這家店，品嘗被公認為該店神奇之味的法國鄉村麵包。

這家聲名遠播的巴黎老字號麵包店，一直是我想前往朝聖的夢幻名店，直到第二次前往巴黎參加比賽，才有機會真正走進這家店。一進門就看到擺在牆上的一顆顆大型法國鄉村麵包，我買了四分之一顆，捧著它走出店面，迫不及待開始邊走邊吃，記得那時巴黎是微涼的初春三月天，走在鋪著歷史記憶的石板小巷，我細細咀嚼這傳奇麵包，沒想到入口之後竟是一曲華麗的三重奏！

有別於較常見的長棍麵包，鄉村麵包因為加了裸麥，顏色較深較緊實，氣孔較少，摸起來外皮硬實，普瓦蘭的法國鄉村麵包看似和一般鄉村麵包沒什麼不同，第一口咬下時只覺得它很硬、很艱澀，不過在口中停留一下和唾液融合後，味道竟改變了，先是帶著微酸、之後立刻有股香味散出，順著咽喉吞下去後，透著牛奶的麥香直衝唇齒，撞擊著我前所未有的思緒！

在短短幾分鐘，就不可思議地歷經了三種口感和味覺，百年全球傳奇地位果然當之無愧，要達到這樣層次分明的風味，我猜祕密藏在麵糰發酵的時間和溫度控制。不知是不是因為心繫兩天後的比賽，這樣華麗卻也混雜著艱澀的滋味和口感，彷彿感受到百年烘焙老店的麵包魂，心中油然產生出一股想要超越自我的雄心壯志，我當下對著自己說：有一天，我做出來的麵包，要讓全世界的人喜歡。法國人可以，我一定也可以！

正因為領受過如此深厚烘焙文化，所帶來的感動和美好經驗，埋下了我後來創業開店，想到麵包原產地國學習，把全世界精彩烘焙文化傳達給消費者的心願。二〇一四年春天，我帶著店裡師傅前往義大利，向有「義大利聖誕麵包教父」之稱的七十二歲老師傅馬拉丁（Rolando Morandin），學習製作流傳百年、風行全球的正統義大利水果麵包「潘妮朵妮」，一群人十天只學這一種麵包，就是抱著這樣心願和使命（第6頁圖17、圖18）。

吃起來口感像蛋糕的潘妮朵妮，可說是義大利國寶級的聖誕麵包，從古羅馬帝國時代一直到現在，每到聖誕節，當地家家戶戶都會吃這款傳統的水果麵包迎接新的一天，在義大利也稱為「杜林式」聖誕麵包。潘妮朵妮外層覆蓋榛果與糖霜，吃起來感覺像蛋糕，加上大量新鮮、蜜漬的橘皮與葡萄乾等果乾，以及較多的奶油。剛出爐的潘妮朵妮散發出濃烈馥郁的果香與奶香，咀嚼起來還有一股麥香味，迷人得不得了！

早年在台灣，像是山崎麵包、東客麵包（DONQ）等日系連鎖麵包店，也都會在聖誕節前推出潘妮朵妮，在我還沒出國學藝的時候，就很想學這款麵包，要做好吃的水果麵包，祕密也在老麵酵母。我到處打聽多年，曾也透過關係，取得一塊聲稱可以做出美味潘妮朵妮的老麵麵糰，下班之後便躲在廚房按照朋友說的方法做，怕老麵發不起來還偷偷加入商業酵母，常常等待麵糰發酵到凌晨，但沒那麼簡單，土法煉鋼的成品有時吃起來過酸、有時候口感太粗糙，當時心想，真希望有一天能親赴義大利學做這款麵包。

這一天，終於來到了。

二〇一四年初，在台灣第一位取得義大利慢食大學碩士學位的食材達人徐仲介的引薦，透過進口義大利食材貿易商陳詩潔女士安排，終於取得向馬拉丁這位老師傅學做潘妮朵妮的管道，我和店裡兩位師傅很興奮地飛到義大利，第一次拜訪這個以美感和工藝著稱的國家。一行人走在據說以後會沉在海底下的威尼斯，一邊聽著這個美麗城市的各種故事，更吸引我們的是街邊麵包店的甜點和巧克力。麵包店老闆熱情招呼我們喝咖啡，點了義大利濃縮咖啡 espresso 才發現是要站著喝，印象裡 espresso 很濃很苦，我原本不太敢喝，但不知道是那天心情特別好緣故，還是因為融入整個城市的氛圍，我第一次發現原來 espresso 的香氣是這麼帶勁，搭配甜度很高的甜點，更讓咖啡尾韻苦中帶甜，站在街頭打開眼耳鼻舌五感，享受沉浸在義式生活的滋味，竟有一股說不出來的幸福感！

晚上我們來到位於郊區的一處麵粉廠 Molino Quaglia spa，是由一座古老教堂改建的，在那裡終於見到了馬拉丁老師傅。晚餐時，我們一邊向老師傅請益如何做出好吃的水果麵包，一邊喝著主人用當地原料自釀的酒，那是一款極為鮮甜的白葡萄酒，搭配各種起司和餅乾，雖然交流必須透過翻譯，但彼此卻可以感受到同為烘焙職人，那樣惺惺相惜的隆重心情。對於我們願意遠渡重洋到義大利，傳承這款當地人人都會做的水果麵包，馬拉丁老師欣慰之情溢於言表。老師傅女兒Francesca當天也在場，她在學校主修微生物學，從老麵發酵的學理基礎，為我們講解製作潘妮朵妮麵包獨特的「水式天然酵母更新」技術，而酵母菌種則是傳自杜林皇室甜點師傅培養的百年酵母菌，混合阿爾卑斯山小牛糞便培養，運用將酵母放在水裡替酵母洗澡的方式，來轉換麵糰變酸的問題（第6頁圖19）。

那幾天的學習交流，我們學習到蜜漬橘皮丁等，水果麵包中各種果乾的做法，但感受最深的，是老師傅用充滿父愛的眼神指導我們，深切期待我們能把義大利烘焙文化發揚光大，承襲的已不只是製作水果麵包的技術，而是老師傅的職人精神。我也才恍然大悟，原來技術可以標準化、酵母可以被培養。其實很多國家的麵包也有加入果乾的做法，我那時就想，如果把台灣水果蜜漬成果乾，也可以做出屬於台灣自己的水果麵包，等於把台灣水果、義大利的水果麵包同時發揚光大。

臨走之前，馬拉丁老師傅親手將鎮店的百年天然酵母老麵，大方送給我們帶回台灣，為解決酵母到台灣之後水土不服的問題，我除了設立一間讓酵母二十四小時吹冷氣、恆溫攝氏十八度至二十度的水式酵母室，一開始還每三小時為酵母洗澡，餵食麵粉、水，三個月之後酵母才逐漸回復活力。

我記得，那一年我個人年度記事本翻開第一頁，寫下的年度目標就是「帶著朝聖和學習的心，來到義大利」。這也是我給自己的期許：**希望在有生之年，能到全世界不同國家朝聖和學習不同的特色麵包，然後做出比當地更美味的麵包，和吳寶春麪店裡所有的顧客分享！**

肆。

傳承與夢想

成為下一個世界冠軍的推手。

冠軍是一時的，學習才是永遠的！
麵包師傅的工作就像走在自我修行的道路上，
不斷精進技術同時，也持續超越自我的格局。

12

成立世界冠軍教練團

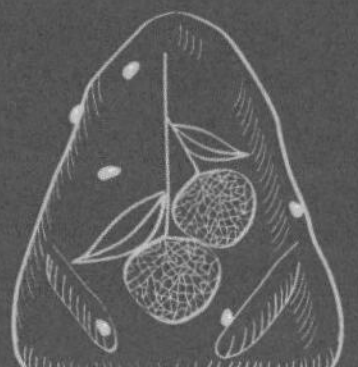

二〇〇八年和二〇一〇年，我相繼參加被稱為「烘焙界奧林匹克」的世界盃麵包大賽、世界盃麵包大師賽，因而走上一段非常煎熬，卻又極為珍貴的人生旅程，不只因此精熟製作麵包技術，開展閱讀世界的不同角度，更因通過準備比賽與上場時的壓力測試，練就後來創業開店一路走來不怕難的心態。這個過程的學習和體會值得咀嚼一輩子，我希望如果有機會，能傳承給更多和我一樣，想用雙手改變自己人生的麵包師傅。

參加比賽的第一個學習是：一旦下定決心，壞消息都能成為求勝的動力。

二〇〇八年的世界盃麵包大賽，是台灣第一次組隊參加國際性烘焙賽事，進入決賽之前，在全球劃分的七個賽區內，各國代表隊須進行分區預賽，成為各賽區優勝隊伍才有資格前往法國角逐世界冠軍，身為台灣代表隊的我們，則是得先前往廣州參加分區預賽。然而，賽前遲遲未見公布大會比賽規則，由於是第一批出國比賽的台灣麵包師傅，在沒有前人經驗可以參考情況下，我們決定先用前一年的比賽規則進行練習，平常三位參賽師傅各自練習，加上每個月集訓兩次，練了將近一年終於達到令人滿意的水準，八小時時間限制內須完成的作品，七個小時不到就能做出來，而且成品相當完美。

等到比賽前兩個月，正式比賽規則終於出來了，所有人一看都傻眼不已，因為指定的項目和前一屆完全不同，我們幾個人心裡七上八下，大家都在想這下該怎麼辦？一來規則條件真的很難，眼看距離比賽上場只剩不到兩個月，對於是不是真的能完成比賽，大家一點把握都沒有，信心更是受到打擊。「哎呀，志在參加不在得獎，反正我們是第一次去，不用給自己那麼大壓力啦」這類的話一冒出來，讓團隊士氣陷入一片消極的氛圍當中。

我一開始也跟著慌，但心裡卻出現另一個聲音：「太好了，這就是參加比賽的真正價值，我一定要挑戰！」正是因為任務很困難，如果這樣還能夠拿到冠軍，一定更值得喝彩，況且，如果放棄這麼難得的機會未免太可惜。於是我開始轉念，鼓勵自己也替隊友打氣，身為戰士就沒有選擇戰場的權利，只有奮戰到底別無選擇。這一仗，我們竟贏過強敵韓國隊，摘下亞洲區冠軍，也替台灣拿下第一張前往巴黎參加世界盃麵包大賽的門票。

另一個深刻的體會是：吸引力法則真的存在。二〇〇八年前往法國比賽，出發前雖自認做好準備，但還是很多突發狀況超出事前的準備範圍，讓團隊沮喪到不知如何是好。因為從來沒有人去過法國，出發前為了預先做好準備，事先還問了當地的天氣狀況，得到的氣象資訊是，白天平均溫度大約是攝氏一度到〇度之間，最高溫不超過五度，比賽場所的室內溫度大概是十八到二十度；至於溼度，當地空氣很乾燥，差不多才二〇%，遠低於台灣動輒七〇、八〇%的溼度條件，二〇%的溼度意味的是，一從發酵箱裡拿出麵糰，馬上就會乾掉根本發不起來！

更讓人措手不及的是，大會提供的賽前練習場地，是位在郊區的一處烘焙學校內，那裡的廚房設備，幾乎都是我們沒看過的機器品牌和型號，甚至所提供的麵粉等材料，對我們來說都是陌生的。賽前只有一天時間能練習，也不知道能否來得及解決所有問題，保持在台灣苦苦練習出來的水準？

那一天練習結束之後，我的心情墜落到谷底，披著圍巾走到學校外面去，外頭正飄起大雪，第一次親身體驗到下雪的興奮之情卻消失無蹤。我漫無目的地散步，一邊走一邊自問：是不是真的太天真了？可能無法取得第一名的念頭，第一次占據我的大腦，在台灣出發前聽到的奚落、嘲笑，彷彿都會成真。

走著走著，一陣刺骨的寒風吹在我臉上，突然間我清醒過來並告訴自己：「我辦得到的，能代表台灣來參加比賽已經證明我的能力。」腦海裡同時出現拿著代表隊的旗幟走上頒獎台，高高舉起冠軍獎杯的畫面，心情才逐漸平復安定下來。回想準備比賽過程，支撐我拚盡全力反覆練習的，就是這個抱著冠軍獎杯的畫面，那時我讀了《祕密》這本書，從書中學習到透過吸引力法則，讓自己專注在想達到的目標，信念支持行動，目標越具體，驅動的力量越大，就能得到成功。

想贏世界冠軍生命得放第二

二〇一〇年準備大師賽也是，為了奪冠每天晚上一直練習，常常練著練著轉頭就快天亮了，有幾回累到覺得自己快撐不下去了，不得已只好躺到床上稍作休息。可是，腦海裡一浮現抱著冠軍獎盃的畫面時，心裡就會冒出一個聲音告訴自己：「不行，這不是拿冠軍的態度。」被子一掀，就又回到廚房繼續練習。很神奇的是，我想像那個抱著冠軍獎杯的畫面，竟跟後來上台領獎時，記者幫我們拍的照片，幾乎是一模一樣的。

比賽的第三個學習則是：上場前要有兩百分的準備。台灣代表隊第一次出征就拿下亞洲區冠軍，要感謝一位日本朋友，他是二〇〇二年世界盃麵包大賽冠軍的菊谷尚宏。當時為補充參賽經驗，在穀研所與高雄餐旅大學的安排下，菊谷先生來台為我們做賽前講習，我除了問他許多技術方面的問題，也請教他該怎麼樣準備世界大賽？

菊谷先生的回答我迄今仍印象深刻。他說，上場比賽一定會興奮、緊張、有壓力，因此每次在練習時，不是練到一百分，而是一百五十分。比賽過程因為壓力和緊張，選手的表現水準會下降，如果只做一百分的準備，可能臨場表現只有五十分；但如果練到一百五十分，即使有所失常也還是有一百分的可能。我聽了之後恍然大悟，原來日本隊是這樣做準備的，我當下決定要練到兩百分，才能贏過他們！

如何才能準備到兩百分？

我記得，在準備二〇一〇年大師賽的過程，每天就是沒日沒夜試做，然後不斷修正。**試做時反覆失敗，我常問老天爺，到底該怎麼做才對，但最後得到的答案是，只能求助自己變成那個老天爺。**練到後來幾乎都分不清楚哪一天是哪一天了，只知道天亮了、天又暗了，有天夜裡聽到外頭的鞭炮聲，才知道那天是大年初九拜天公的日子。那時原本六十多公斤的我，一度瘦到只剩四十八公斤，瘦到蹲下再站起來、褲子就會掉下去的程度，確實到了有點「變態」的程度，只差沒有走火入魔，也知道再這樣下去可能會有生命危險。但為了拿下世界冠軍為國爭光，只能把生命放在第二，也終於能夠體會，畫家梵谷割掉耳朵那樣為了藝術創作，不怕死、不知死的瘋狂心情。

練到忘我的那一刻，其實已經不在在乎過去，也不在乎未來，很難形容那樣的心情，可說達到一種超越成敗的境界。當真正進入會場上場比賽時，雖然腦筋是一片空白，但因為全然接受那個唯一的自己，且有練習到兩百分的充分準備，就算閉著眼睛也能做出一模一樣作品，心情反而是篤定的，甚至已經沒有得失心，即使最後沒能拿到冠軍，也確信能從準備比賽的過程中獲得人生難得領悟！

回想起來，三十八歲到四十歲的這兩年間，**與其說辭去麵包師傅工作全心準備比賽，不如說是踏上了一條自我修煉的道路，來得更為貼切。甚至可以說，這個過程所鍛鍊出的強大心智，讓我有如脫胎換骨般，心理狀態和過去三十八年的吳寶春完全不同**，自此之後，更能勇敢面對所有事情，就算再困難的挑戰，也相信一定能找到解決的辦法。

參加比賽的學習和領悟，是再多金錢都買不到的人生體會，也是我後來邀請同為世界麵包冠軍師傅、也是我之前培訓的學生王鵬傑、謝忠祐和好友曹志雄等人，成立「世界冠軍教練團」培訓更多年輕選手，背後最重要的動機。教練團要傳承不只是拿冠軍的希望，更要透過準備比賽的過程，奠定麵包師傅未來做人做事的強大信念。**當更多麵包師傅在這個行業看到希望、設定更高的自我人生目標，他就不會離開這個行業，台灣烘焙產業的生態才能健全並蓬勃發展，就像在法國一樣，成為可以被不斷傳承下去的百年事業。**以後當全世界的人談到麵包文化時，台灣才有機會被不斷提起，而不是只有少數師傅贏得世界冠軍，在國際烘焙業界曇花一現而已。

傳承與感恩——成立冠軍教練團

榮獲二〇一八年世界盃麵包大師賽，藝術類麵包項目冠軍的王鵬傑，當時就是在教練團嚴格培訓下，在國際賽事嶄露頭角的優秀師傅。鵬傑參賽的作品是一尊高一百六十公分，臉譜莊嚴氣勢逼人的陣頭文化「官將首」造型麵包，以官將首為作品並非臨摹，而是來自他獨一無二的浪子回頭成長歷程。記得在比賽現場，評審走到即將完成整件作品的鵬傑身旁，只問了一句：「為什麼眼神那麼兇？」鵬傑回答「是抓鬼的！」我就知道冠軍應該要屬於他了，因為那也是一件準備到兩百分，有著創作者靈魂的作品。

在培訓選手的過程，也運用我當年準備比賽的方法，不斷激勵年輕師傅求勝的企圖心。

一開始訓練的時候，我問他們：「你們的目標是什麼？」起初大家都支支吾吾，你看我我看你，誰也不敢先說，後來才有人小聲講：「要拿冠軍。」我說：「大聲一點」問了幾次，大家才異口同聲大喊：「我要得冠軍！」為了激發出那股非贏不可的渴望，我特別找來《冰上奇蹟》（*Miracle*）和《進擊的鼓手》（*Whiplash*）這兩部影片，讓選手們明白，一旦下定決心能帶來的巨大力量，以及什麼是準備到兩百分的程度。

《冰上奇蹟》這部作品是由真人真事改編，講述一九八〇年在美國舉辦的冬季奧運會，準決賽時，美國隊與當時四連霸所向披靡的蘇聯隊，正面對決最後逆轉勝的故事。影片當中有一幕，是美國隊球員一個一個被教練追問：「你為何而戰？」最後逼出眾人大喊「我為美國打球！」充分說明在任何國際賽事場上，每個國家代表隊的選手，都會在心裡燃起一個信念，就是要為我的國家奪下獎牌，想看到自己國家的國旗在會場裡飄揚和被揮舞的畫面，這就是我想要激發出來的使命感。

《進擊的鼓手》則是我最喜歡的一部電影，那是一部音樂節奏敲打很令人震憾的片子，劇情是探討一名胸懷壯志的鼓手安德魯，如何在爵士樂團指揮嚴師佛烈契近乎虐待的高壓下，身心備受煎熬、性情大變，最終成為一位頂尖表演者的學習歷程。劇中主角安德魯為成為頂尖鼓手，有多次瘋狂練鼓練到雙手生繭流血，但OK繃一貼便繼續練習，甚至練到滲出血來。我常拿這一幕告訴大家，如果你們要做到頂尖的話，就是要像進擊的鼓手這樣子練，打鼓打到流血還要繼續打，要選手自問能不能挺得過這樣的高壓訓練，成為一個進擊的麵包手，一步一步往兩百分的目標邁進。出去比賽，「唯一的目標就是拿冠軍！」要做就要做到極致，沒有決心的話就不用比了，只是在浪費時間而已。

透過準備國際比賽練就職人魂，是我真正想傳承下去的，一旦達到那樣的境界，麵包師傅的格局就會完全不同。雖然贏得冠軍是唯一目標，但當練到入魂，其實拿不拿冠軍都不重要了，也不會計較這個過程的付出、最後能換來什麼利益。這樣說似乎很矛盾，但確實是我經歷比賽之後最深刻的體會：冠軍不是重點，更不是終點，過程才是最有價值！

我始終相信，只有從根本提升整體烘焙產業，我才能實踐「台灣成為烘焙之都」的夢想。這夢想必須有計畫地培訓麵包師傅，讓每位麵包師傅，即使只是在麵包店工作，也能看到未來的可能性。吳寶春麥方店要走得長遠，必須先讓台灣的烘焙產業都好起來。

基於這個想法，二〇一八年八月，我首度在公司內部舉辦首屆「吳寶春盃麵包大賽」（第7頁圖20、圖21）。比賽規則很特別，參賽師傅須兩兩組成一對，一位是組長以上的資深師傅，另一位則必須是剛進公司不滿一年的學徒。決賽時邀請王鵬傑、陳耀訓和我，三位同是世界麵包大賽冠軍的得主擔任評審，獲得冠軍那一組的師傅，可贏得前往歐洲的烘焙學習之旅，規格之高在國內烘焙業界也是首見。

比賽規則設計為資深搭配資淺同仁的組合，目的無非是希望年輕師傅能透過自身努力，爭取到出國學習機會，而非要等到成為資深主廚，才有資格出國見學。此外，透過搭檔組合，亦能在資深前輩的調教下，讓年輕師傅有機會實現創意，達到內部技藝傳承的目的。

花這麼大力氣辦內部比賽，有些同業笑我又傻又天真，因為在台灣烘焙業，很多老闆的想法是，費盡心力訓練師傅，當他學到一身功夫之後，最後多半還是選擇出走另立門戶。儘管如此，我仍然認為辦比賽是必要的，給夥伴機會也不代表要綁住他，就算他學會一身功夫後離職，公司方面不會以任何合約或條款向師傅求償，投入資源培訓師傅，就當作是為整體產業培訓人才。如同成立「冠軍教練團」，亦不是基於任何商業目的，無非是希望傳承比賽經驗，讓年輕選手可以少走一些冤枉路。如果說是付出，也只是對當年無條件支持物力和財力，完成我個人出國比賽夢想，這一路上的許多貴人和各方社會資源，所做的一點微薄回饋而已。

13

大武山下的孩子，加油！

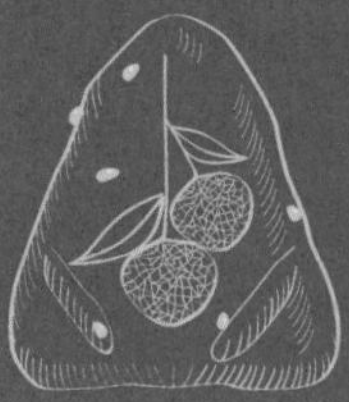

抱回世界冠獎盃之後，在很多演講場合上，常有人問我，不管是曾經放棄一切學做麵包，或排除萬難出國念ＥＭＢＡ，這麼熱愛學習的我，為什麼國中畢業的時候，卻是個只會寫自己名字，僅認得百來個國字的文盲？

這個原因要從屏東老家的大武山說起。

學習動機在於自己一定要

小時候的我，是充滿好奇心的孩子，每天在外頭到處發現有趣的事，很想知道每件事背後的為什麼。例如，蓋土窯烤地瓜，便很好奇窯要燒到什麼程度，把地瓜放進去能最快烤熟；要如何觀察水塘的深度，比賽摸泥鰍時才能摸到最多；還有，一隻鴿子飛得快，那把兩隻鴿子綁在一起，會飛得更快嗎？這些課本上找不到答案的問題，總是特別吸引我。

既然心思不在教室裡的黑板，對課堂上老師教的加減乘除，自然一點都提不起興趣，就算考試不好被打手心，也一點都不在乎，根本是教室裡的邊緣人。

對都會地區的家庭來說，很難想像一個孩子從小學到國中，可以如此放任，但在我出生成長的屏東內埔鄉下，不愛讀書真的沒有什麼大不了，在我家裡，爸爸媽媽沒讀書，哥哥姐姐也都沒讀什麼書，早早就出外去賺錢了，特別是農村裡，只要勤勞願意做，基本人人都能過上飽足的生活。反倒是整天認真讀書的人才少見。記得有一年，村裡有人考上大學，馬上傳遍全村成為大消息，好像當上大學生差不多就可以光宗耀祖了。

出社會的時候，我發現時代已經變了，不再是我爸媽那個文盲都能生存的年代了。我意識到並且害怕自己變成和父母一樣的文盲，在麵包店當學徒時，也曾經試著一邊看電視字幕一邊學識字，可是基礎太差了，連ㄅㄆㄇㄈ都不會，光靠電視字幕閃現的字形去學，根本記不住，一直到當兵以後才學會認字。

二十歲那年，入伍的兵單來了，離開麵包店，收拾行李當兵去。我的籤運還不錯，當兵的地點離老家很近，訓練和勤務也不算忙碌。換句話說，在軍營裡面，我時間很多，還有點無聊，也就是那時候，遇到同樣是屏東人的大專兵官建良。正在準備研究所考試的他，帶了很多書到軍營來，那些微積分參考書對我來說簡直像天書一樣，很羨慕他有辦法讀那些書，加深了我想識字的欲望，一有空就抓著他問書裡內容到底在寫些什麼。

看出我想學習的動機，也可能是被我問煩了，官建良給我一本字典，從教我看注音符號、怎麼查字典開始，把我從「文盲」的困境裡拯救出來。跨出最困難的第一步之後，看報紙、讀一篇文章，到能翻完一本簡單的小書，一步步建立閱讀的基礎，終於叩開先前書本一直對我緊閉的大門，並感受到文字帶給人的力量。像是讀到俄國文學家杜斯妥也夫斯基名著《罪與罰》，書中對於貧窮的描述與人性的掙扎，讓我深受啟發和震撼。

當兵兩年像是上了兩年的學、讀了兩年的書，這是我沒想過會發生的事。這段意外的學習旅程不只教會我識字，也從此掌握自我學習的要領，更奠定後來進修烘焙技術的基礎，包括為了要看懂烘焙專業書籍，而學習基礎日文。

我常在想，如果有機會穿越時空，回到小學階段，和那個不愛讀書、每次考試都考「一一〇」分的吳寶春對話，我一定會告訴他，**學歷或許不能保證你的未來，但學習對一個人帶來的影響卻是一輩子的**；若是回到國中，則想告訴那個一度放棄自我的吳寶春說，除了自己之外，世界上沒有人可以放棄你，只要願意先給自己機會，就一定會有人願意再推你一把，再次突破自己能力的天花板。

回報母恩成立教育基金會

因為深刻體會失學的痛苦，所以，在創業之前，內心就立下心願，有一天一定要以媽媽的名字成立基金會，以她的名義關懷社會，幫助貧窮的家庭，照顧像我這樣年少失學的孩子。

我的媽媽陳無嫌女士，是一個愛我比愛她自己還多的人。她個子嬌小，但身影在我腦海裡卻是巨大的，由於爸爸在我十二歲時去世，家裡經濟重擔全由她一肩扛起。從小就常看她騎著摩托車到處打零工，白天在田裡幫人家種稻割鳳梨，晚上還去辦桌的流水席端菜，兩手端著大菜盤穿梭在流水席的賓客間，盡自己最大的力氣賺錢，雖然窮卻很有骨氣，不喊苦也不叫累，從來沒聽她說過一句怨言。有一次我當兵放假回家看媽媽，她工作回來剛洗完澡正準備吃飯，桌上晚餐只有一碗白飯，和一顆大概不只吃一天的魚頭，霎時我淚流滿面轉身不敢讓媽媽看到。那時身上只有回營區的錢，我對自己承諾，當兵回來以後，不要再讓媽媽外出辛苦工作，一定要盡到讓她溫飽無虞的為人子女義務。

不過，很遺憾的是，媽媽晚年罹患失智症，經常一個人眼光茫然獨坐著，就像是活在過去的時光裡，更來不及看到我心裡允諾要為她出人頭地的志念，就已經離開我們。她往生的那一晚，在救護車將她護送回屏東內埔老家的一路上，我抓著她的手，眼淚一直流個不停，內心充滿悔恨。我是家裡最小的孩子，從小到大媽媽最疼我，我再調皮搗蛋也捨不得罵我，然而，子欲養卻親不待，是我這一生遭受的最大打擊。我開始想，還能為媽媽做什麼？最後，我立志要以她的名字成立基金會，讓媽媽的愛能隨著她的名字流傳下去！

媽媽過世時，我還在台中的麵包店當師傅，辦完喪事回到公司上班，我把想要成立基金會的願望告訴徒弟黑皮師傅，他回答我：「師仔，有可能啦，那是大老闆才可能辦到的事。」確實如此，依當時我每個月的薪水來說，就算不吃不喝，一年也存不到一百萬元，而成立全國性的基金會要一千萬元以上，地方性基金會至少也要二百萬元，的確是一個很遙遠的目標。可能是太思念媽媽，不管別人怎麼潑我冷水，我自始至終都非常篤定，這是一個一定能完成的夢想，而不是只能存在心中的幻想。

正因為這是一個很具挑戰性的目標，反而成為我後來下定決心創業開店的動力。義無反顧創業，其中最重要的兩個原因，一個是要實踐以奇美實業創辦人許文龍為榜樣，成為像他一樣的企業家；另一個就是想靠自己的力量，成立以母親為名的教育基金會。

於是，二〇一〇年十一月高雄店開幕，隔年五月母親節，我把賺到的第一個二百萬元，去屏東縣政府申請設立「財團法人陳無嫌教育基金會」，雖然還搞不懂基金會該如何運作，但很多事不能等，特別是教育的事。基金會中設目的是幫助貧寒家庭學生，進入技職學校習得一技之長，透過學習改變自己的命運，尤其像我這樣來自太武山下的孩子。讓他們知道天生我材必有用，逆境中能有翻身的機會，努力去實現夢想就對了。同時，媽媽的名字也被更多人記住，讓她「愛的種子」持續萌芽。

由於基金會成立的宗旨，是以感恩回饋為出發點，包括獎助教育事業、推動人文關懷、創造社會希望、培訓烘焙產業人才等等，都是具體的努力方向。除了針對故鄉屏東鄉內埔國中、國小的學子，每年委請學校薦選三位楷模，於年底提供獎學金補助，我親自前往頒贈之外，基金會也捐贈救護車給醫療資源缺乏的村鎮；贊助紙風車劇團讓偏鄉孩子全家一起來看戲，度過一個愉快的下午；舉辦「閱讀悅讀部落格大賽」讓屏東縣各國小，以班級為單位報名，全班一起合作閱讀三十本書，於班級部落格撰寫心得，再由基金會選出表現最好的班級，招待全班到高雄的吳寶春麪店一日遊，欣賞一場藝文表演，希望能夠讓更多孩子體會到閱讀和學習的樂趣。此外，提供傑出學子出國參加烘焙競賽，分擔培訓過程所需的費用，厚植烘焙產業相關人才，也是基金會的服務項目（第7頁圖22）。

這過程當中，我得到的回饋遠比付出的要多。每年回母校頒獎學金，看到鄉下的小朋友就想起以前的自己，格外親切，看著他們成長更是帶給我拚搏事業的動力，也因此遇到很多從來沒遇過的事（第7頁圖23）。有一次有兩位國小女生，拿出一個大信封袋給我，裡面裝的竟是我小學那一屆的畢業紀念冊，我自己那本早已不知丟到哪裡去了，但卻有人保留幾十年後再轉送給我，讓我訝異不已，到今天我還不知道是那位有心人是誰？

基金會也多次與墾丁國家公園管理處合作生態夏令營，委託里山生態公司舉辦「恆春半島生態保育體驗營」，以體驗旅遊方式推動在地遊學，招收來自恆春在地，以及高雄、台東和屏東等各鄉鎮三至六年級的學童（第8頁圖24、圖25）。參加者化身為小水滴，體驗從森林流經大海的歷程，認識沿途不同的棲地類型與生態物種，實地走訪水蛙窟、港口及後灣等社區；參與生態講座、陸蟹觀察、鹽滷豆腐等手做體驗；透過淨灘及野外露營等活動，充分體驗恆春半島豐富多樣的生態和人文。過程中看到小朋友開始關注環境變化，願意為劣化的環境付出努力，都讓我十分感動，希望這趟旅程能在他們心中留下深刻記憶，埋下長大之後，成為熱愛鄉土保護生態好公民的種子。

基金會不對外募款，收入主要來源，是店內銷售「陳無嫌鳳梨酥」款項以及公司一部分盈餘，加上我個人受邀出席活動的車馬費酬勞，雖然基金會規模很小，但因為是媽媽遺留下來的關愛與功德，希望每一筆錢都花在最需要的人身上。

特別選擇鳳梨酥，和媽媽早期靠採收鳳梨扶養我們長大有直接關係，總是想起她背著竹簍，在鳳梨田裡一趟又一趟走著的身影，**鳳梨對我來說意義重大，「無嫌」除了是媽媽的名字，也是不嫌棄、懂得珍惜的意思。小時候我最討厭土鳳梨的味道，常讓我想起貧窮的滋味，但經歲月轉化，卻變成我對媽媽的酸**

甜懷念。有趣的是，很多顧客不知道「陳無嫌」是我媽媽的名字，常有人打電話詢問「是因為沒有放鹽巴，所以才叫『無鹹』鳳梨酥嗎？」令我啼笑皆非。

媽媽終其一生，只是一位鄉下沒讀過書的平凡女性，不會講什麼人生大道理，可是，她教會了我好多事，在我離家去當學徒前一再叮嚀：「出門在外，要盡量做事情，好好打拚，不要和人計較。」這麼多年來，始終記得她說這些話時的表情。她讓我學會堅強，再怎麼辛苦落魄，都不要爭辯不要埋怨，腳踏實地做就對了。她讓我懂得努力，以踏實和坦然的心，知足常樂過生活，還教導我「吃人一口，還人一斗」，得到別人的恩惠或好處，一定要知恩圖報加倍奉還。

回顧人生路上，出現許多幫助過我的貴人，如果不是他們及時伸出援手，我早就卡在某個難關，絕無可能走到今天這一步。

在參加比賽經濟最困難的時候，午夜夢迴我躺在床上，盤點自己手上到底還有哪些資源，隔天一早開始打電話，問有沒有麵包店願意找我去教學或聘我當顧問，馬上得到許多人慷慨相挺；一路陪伴我們從練習到過關斬將出國比賽，與居間引薦讓我有機會向日本大師學習的多位烘焙業界前輩。還有包括像是穀研所、台北市糕餅商業同業公會，和糕餅公會全國聯合會等業界團體，不管是財力或物力的大力支援；甚至也有媽媽烘焙教室，發動義賣幫我籌措出國旅費……，名單實在太長無法一一列舉，但都是我想再對他們說一次謝謝的貴人。

說起來，**參加比賽只是我個人的事情，卻有這麼多人願意無條件熱心幫忙，內心實在充滿無限感激**。因為得到太多各界的幫助，在經營企業同時，回饋社會也成為自認應盡的一份義務。每當下雨天或颱風天，架上麵包賣不完時，店內同仁就知道做善事的機會來了，開始將麵包打包寄到偏遠地區的中小學或孤兒院。我堅持要像宅配禮物一樣，一律使用新紙箱裝麵包，雖然成本較高，但希望對方收到時，能感受到我們的用心，「誠意」最重要而不是「成本」！

我深刻體會到，真心誠意助人，往往形成巨大祝福和鼓舞的力量。世界盃麵包大賽常勝隊伍日本隊，有一個很厲害的祕密武器。日本隊重視比賽經驗傳承，每一屆代表隊選手背後，都有歷屆參賽選手組成的教練團，陪同練習嚴格指導。在每年的國內烘焙食品展上，這些得過大獎的麵包師傅，還會製作冠軍麵包現場義賣，一方面將募得款項當作選手的比賽經費，另一方面則是將現場人氣，凝聚為替選手加油集氣的滿滿祝福，這樣的精神非常值得我們借鏡。

14
我有一個健康島的夢

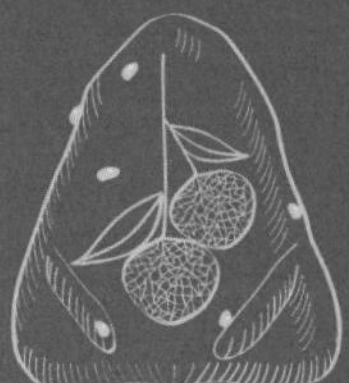

十多年前我曾讀過一本書，書名是《天地一沙鷗》，故事主角岳納珊是一隻跟別人不一樣的海鷗，認為飛翔目的不該只是往返碼頭，掙一點麵包屑和小魚蝦果腹而已。岳納珊有自己的理想，想飛得更高、飛得更遠，天天花大量時間練習高超的飛翔技藝。大多數的鷗鳥認為飛行並不重要，吃才是最重要，熱愛飛行遠勝過的一切岳納珊，顯得特異獨行，遭到同類的驅逐。

創業開店多年之後，我重讀那本書，才發現我就是岳納珊，那隻一生追求極致的海鷗。十五歲北上做麵包，一開始只想賺錢貼補家用，早一點成家立業，但看到很多老師傅，到了四十歲多歲體力變差了，就算想做也做不下去，頓時心生危機感，開始思考挑戰更高薪的目標。當上傳統麵包店師傅之後，發現原來還有大型的麵包公司；當上麵包公司主廚後，才知道原來各國最優秀的廚師都會去參加國際比賽；準備出國參加比賽過程，發現原來自己還要學日文懂品味，下足把生命放在第二位的決心和勇氣，才可能成為世界冠軍。

這個過程就像是爬山一樣，咬著牙爬到一座山的山頂，以為已經到達頂峰了，抬頭一看發現還有另一座更高的山，於是又設定下一個想征服的目標，爬過幾座高山之後，登山技術越來越熟練同時，反而發現自己的渺小，逐漸養成不斷挑戰更高、更極致目標的習慣。

讓麵包成為台灣的新驕傲

開店創業這一路走來也是，聘請顧問幫忙把店內生意做得更好，找跨界專業深化品牌內涵，也用一己之力設立基金會，讓更多跟我一樣曾經迷惘過的人，都能尋找到自己的人生方向，不斷設下更高的經營目標，更希望有一天，台灣能夠成為烘焙之都，讓麵包成為台灣新驕傲！

在法國，巴黎市政府每年都會舉辦最佳麵包大賽，冠軍得主除能獲得四千歐元（約新台幣十五萬元）獎金，還將成為總統府愛麗舍宮，提供為期一年長棍麵包的烘焙店家。法國總統馬克宏甚至出面爭取，希望法國麵包可以列入聯合國非物質文化遺產，因為越來越多工業生產麵包，以及未來機器人和人工智慧

ＡＩ取代人力，都可能使得製作長棍麵包的傳統手藝隨時間而失傳，所以一定要用各種方法，鼓勵大家保護麵包師傅的傳統手藝。

我希望台灣有一天也可以效法法國，**重視烘焙人才訓練、麵包工藝傳承，建立起屬於自己的深厚麵包文化**。

這當然是一個很遠大、難度非常高的目標，需要社會整體資源的長期投入，也已有很多烘焙業前輩一點一滴累積這股能量，像是支持我們出國參加比賽的許多公協會和原物料與設備商。自二〇一二年起，在台北國際烘焙暨設備展會上的「亞洲城市盃麵包大賽」，這個由台灣主辦的國際烘焙競賽，透過邀請海內外選手以及國際級評審切磋、交流，都相繼培養出許多優秀的烘焙業人才。但我更期盼，台灣在烘焙業的人才養成管道，除有像高雄餐旅大學烘焙管理系的學校單位，未來在民間，也能建立類似巴黎的藍帶廚藝學院、東京的製菓學校，養成甜點和麵包師傅的培訓機構，讓有志從事烘焙的職人，不必再從土法煉鋼起步，少走一些冤枉路。

至於提升麵包文化，則有賴烘焙業與麵包師傅透過不斷努力，爭取社會大眾的普遍認同。以全世界最重要的兩個麵包大賽為例，就都是由業界推動的。一個是我兩度參加的「世界盃麵包大賽（Coupe du Monde de la Boulangerie）」，便是法國路易樂斯福酵母公司贊助承辦，每四年舉辦一次，團體賽前三名始具兩年後大師賽參賽資格。另一個稱為「世界麵包大賽（Mondial du pain）」的，則是法國麵包大使協會主辦，每兩年舉辦一次，為一群擁有法國政府頒發最高榮譽工藝首獎的ＭＯＦ（MeilleurOuvrier de France）麵包大師所發起。

要推動這些事情，完成這個讓台灣的烘焙跨上世界舞台的夢想，需要花很多錢，以及很多不同專業領域人士，出面大力協助才可能完成。聽起來很困難，但我堅信只要訂下目標和計畫，尋找到志同道合的夥伴，一定可以一步一步互相扶持登上峰頂完成夢想。

永續安心台灣的健康島夢想

相較為準備世界盃麵包大賽，全心專注做麵包，創業開店後，我接觸到更多烘焙業之外的高手，包括因為在媒體上開專欄，走訪全台各地小農，從這些農業職人身上以及大自然生態，我又學到更多人生的大智慧。

有一次，我去屏東採訪一對姐弟，他們兩個一人一塊農地，各自種上不同種類的蔬果，姊姊種皇帝豆、高麗菜、花椰菜、番茄和蘿蔔，弟弟則照顧兩千多株的黃花芥藍，但都採有機自然農法。姐弟倆每天早上進菜園都會先禱告，跟田裡面的昆蟲小鳥溝通，請牠們口下留情，不要吃太多，留一點給他們賣。像是番茄如果被鳥啄過，就沒有辦法賣了，所以每到番茄收成期，就請老天爺去跟蟲鳥商量，要吃盡量只吃同一區的，最好不要每一顆只吃一口，畢竟鳥要生活，人也要生活啊！

雖然有三成左右的蔬果被蟲鳥吃掉，但他們從來沒想過要用任何農藥驅趕蟲害，頂多是巡視菜園時，看到蟲兒就抓到遠一點的地方放生。由於他們的堅持，讓地力恢復得比其他的農地更好，很多人無法種出的蔬果品種，他們都能種出來，備受有機蔬果店消費者的青睞。

另一個也是在田裡聽到的故事，帶給我極大啟發。對種稻的農民來說，最怕田裡出現俗稱夭壽螺的金寶螺，金寶螺平時躲在稻田土壤裡，每到插秧季節就現身，專吃秧苗嫩葉，農民不堪其擾，慣行農法使用防治藥劑。金寶螺跑進排水溝、躲進土裡，繁殖力旺盛，連帶影響田裡的泥鰍、蝸牛和田螺等田間生態的平衡。如果不使用化學藥劑，則可以把苦茶油渣撒在田裡，苦茶油渣會刺激福壽螺、蛞蝓、金寶螺等等軟體動物分泌黏液，進而造成害蟲脫水死亡。

我曾拜訪過一位採用自然農法的農民，他很有智慧，在插秧的時候，儘量維持田裡低水位，這樣一來因為水分不足，金寶螺無法生長。等到秧苗稍微粗壯起來，再把水位放高，這時金寶螺進到田裡，因為沒有秧苗的嫩葉可吃，反而轉去吃雜草的幼苗，對農家來說真的是一兼二顧，原本的害蟲反而變成除去雜草的好幫手，找到既能保護生態、維持農作物收成量，又能借金寶螺之力除雜草的多贏方法。如何創造多贏局面，不也正是做生意或經營公司，最需要的智慧嗎？

我從這些農業職人身上學到，如何透過一次又一次的實驗和自我挑戰，實踐對於有機與安心的堅持，那種感覺，就好像又回到小時候熟悉的鄉下，光著腳丫放鬆地踩在泥土上，彷彿任何所需要的各種養分和能量，都可以從土地裡獲得，並讓自己再次茁壯起來。

當然，農業是靠天吃飯的行業，更多農民是在轉型過程，為了堅持理念面臨入不敷出的困境。我曾去南投拜訪的一位阿伯，他種的檸檬品質非常好，然而，他一年光是購買有機肥料的花費，就要十幾萬元，想申請有機認證，居然還要多花好幾萬元，因為沒有好的銷售管道，經常被採購方刻意壓低價錢。從這位阿伯身上，我看見了許多小農遭遇到的困境，他們一直堅持做對的事情，不管手邊資源有多匱乏，都不曾想過要放棄。我覺得，如果因得不到市場支持，這樣用心生產的食材最後經營不下去，那真的是社會的極大損失。

我特別能體會生產優質農產品的不容易。當年為了準備比賽，在練習製作酒釀桂圓麵包和玫瑰荔枝麵包時，找遍全台灣的果園，試吃各種品種的龍眼和荔枝，才找到品質極佳的龍眼乾和可食用性玫瑰花等食材。從那時起也才曉得，原來在台灣很多地方，一直存在著許多和我一樣，即使被笑「憨呆」卻仍然堅持夢想的人。

幾年之後，有一次去台南東山，採訪利用傳統土窯烘烤龍眼乾的農家，因為之前比賽曾經使用過，我知道窯燒烘烤出來的龍眼乾會有一種非常香甜的風味。實際跟著他們走過一遍龍眼乾的製程，連續幾個小時搬柴入窯以免窯火中斷，還要不時翻耙龍眼，才能讓殼裡的龍眼肉均勻乾燥收縮，並充分鎖住果實裡的甜味，經過六天五夜的不斷火燻焙，才能維持果肉口感並平衡柴香氣味。那一天我光是在旁觀看作業，回家時都忍不住兩腿痠軟，更不用說他們夫妻倆得日復一日，看顧一批又一批的龍眼乾，想來就覺得格外辛苦（第8頁圖26、圖27）。

儘管他們這麼努力工作，可是這對夫妻卻告訴我，自從我的冠軍酒釀桂圓麵包推出後，市場對於龍眼乾的需求增加，但很多從東南亞等地進口機器乾燥的次級品，卻魚目混珠成台灣手工龍眼乾販賣，讓不懂得分辨品質的消費者受騙上當，用心顧好品質的小農不但未蒙其利，反而深受削價競爭之苦。

這件事引發我深思，本土農業和烘焙產業之間，如何透過推廣和行銷，創造多贏的可能？我想起二〇〇七年，曾受美國葡萄乾協會邀請，前往美國參加講座，示範如何利用葡萄乾培養酵母的那一趟旅程。

在那場專為葡萄乾推廣而舉辦的活動上，我認知到農業不是永遠和弱勢畫上等號。走在一大片葡萄園裡，我發現當地葡萄農的生活都很富裕，他們開名車、住在豪華的屋子裡，每年葡萄產量非常大量，採收下來的葡萄加工製作成葡萄乾。導覽人員說明，全美國的葡萄產量大概四〇%內需，其他六〇%則是外銷出口，由於世界各地的需求訂單越來越多，讓葡萄農的生意也都越過越好。

這樣的結果，是葡萄農經過將近三十年的努力才得到的結果。起初，為了不想讓生產過剩的葡萄，在田裡爛掉，將之乾燥做成果乾，但即使是做成葡萄乾還是吃不完，才開始思考如何積極開拓海外市場。特別是與烘焙產業結合，不但創造出葡萄乾吐司這樣的產品，還舉辦烘培比賽，主角當然就是葡萄乾。比賽規則是麵包師傅必須添加葡萄乾來創作麵包，比看誰的葡萄乾麵包最好吃。師傅們本來就是麵包達人，做出來的麵包當然很好吃，如此一來，吃過他們加入葡萄乾的麵包之後，消費者也慢慢開始喜歡上葡萄乾，得獎的作品自然而然變成師傅店裡的招牌商品，慕名而去的顧客不但提升麵包店業績，也等於幫葡萄農銷出更多葡萄乾。

這些做法帶給我非常大的啟發，因為透過有效行銷和積極推廣，社會大眾對於某一種食材的了解和接受程度提高，業者開發相關產品也越受市場歡迎，形成產銷的良性循環。在日本，舉凡黑豆、醬油或柚子等地方產物，與觀光旅遊業密切結合也有非常多案例，利用在地農產品開發出來的新商品，形成遊客到訪當地必買的特色產品，農民的生活也因此獲得保障，這都是台灣可以借鏡的他山之石。

希望透過關注小農生計以及食安的議題，未來不管是跨產業合作或電商通路，能建立起更健全的行銷制度，讓消費者可以直接向農家採購，讓農夫的用心和汗水可以獲得更有力的支持。最重要的是，優質的農產品能有效率地送到消費者手中，讓大家吃得健康、吃得安心，農民也能取得足夠的資源永續經營。會有這樣的關注，和發展烘焙本業須尋找優質原物料有關，另一方面，也正因為我從小在農村長大，能夠更深刻理解農民在生活上的辛苦與不容易。

以前家裡種花生，盤商來收購價錢都是對方說了算，不管是豐收還是欠收，農民其實都賺不到錢。印象很深刻的是，小時候常聽到，鄰居誰誰誰又因為噴農藥中毒，被緊急送到龍泉診所。那時剛開始有農藥，鄉下農民幾乎都是文盲，不會調農藥比例，更不懂得做好保護措施，以訛傳訛誤信喝牛奶可以解毒，三天兩頭就傳出農業中毒的送醫悲劇。

比起讓麵包成為台灣的新驕傲，發願台灣成為一個永續安心的健康島，遠遠不是我一人的微薄之力能完成，甚至這輩子都未必有機會看到這個夢想被實踐，但就**像支持偏鄉教育和培訓烘焙選手一樣，教育的事不能等，一等孩子就長大了；世界冠軍也不能等，一等獎盃就被別人搶走了，食農教育和食安議題更是，多等一天就多噴一天農藥，現在不做何時才做呢？**

啟蒙我走上創業之路的奇美實業創辦人許文龍先生，曾拍攝一隻短影片，公開他傾畢生積蓄打造奇美博物館的心路歷程，我看了非常感動。

在這支名為《心願的起源》的影片當中，他回憶，小時候家境困苦，住家附近的台南州立教育博物館成為他的心靈寄託，這段童年記憶讓許文龍許下興建博物館的願望，並花了一輩子的努力去實現。許文龍先生說：「博物館是我種下的種子。」奇美博物館正是他送給台灣的禮物，期待更多孩子像當年的他一樣受到啟發，長大後回饋社會，形成一個善的循環。

謝謝所有一路上，默默支持挺著我的各位。我心所願與所能付諸實現的，會堅持下去，十年若是一夢，對我而言，絕對是一場扎實而且美好的夢；十年若要磨出一劍，我期許自己繼續為永續安心的健康島不間斷地努力下去，有生之年也許不一定能看見，但絕對是我願意花一輩子去追求的夢想。

世界冠軍，然後呢？吳寶春的創業報告

作者	吳寶春 口述／尤子彥 撰寫
商周集團榮譽發行人	金惟純
商周集團執行長	郭奕伶
視覺顧問	陳栩椿
商業周刊出版部	
總編輯	余幸娟
責任編輯	潘玫均
封面設計	萬勝安
內頁排版	点泛視覺設計工作室
封面攝影	郭涵羚
出版發行	城邦文化事業股份有限公司 - 商業周刊
地址	104 台北市中山區民生東路二段 141 號 4 樓
傳真服務	（02）2503-6989
劃撥帳號	50003033
戶名	英屬蓋曼群島商家庭傳媒股份有限公司城邦分公司
網站	www.businessweekly.com.tw
香港發行所	城邦（香港）出版集團有限公司 香港灣仔駱克道 193 號東超商業中心 1 樓 電話：(852)25086231　傳真：(852)25789337 E-mail：hkcite@biznetvigator.com
製版印刷	中原造像股份有限公司
總經銷	聯合發行股份有限公司　電話：(02) 2917-8022
初版 1 刷	2020 年 9 月
定價	380 元
ISBN	978-986-94980-4-3

國家圖書館出版品預行編目 (CIP) 資料

世界冠軍，然後呢？吳寶春的創業報告 /
吳寶春 口述／尤子彥 撰寫 . -- 初版 . --
臺北市 : 城邦商業周刊 , 民 109.09
面；　公分

ISBN 978-986-94980-4-3(平裝)
1. 成功法 2. 自我實現
177.2　　　　　　　　106010871

紅沙龍

Try not to become a man of success but rather to become a man of value.
～Albert Einstein (1879 - 1955)

毋須做成功之士，寧做有價值的人。 —— 科學家 亞伯・愛因斯坦